大数据时代互联网企业和相关服务业财务风险控制研究

姚 奕◎著

吉林出版集团股份有限公司

图书在版编目（CIP）数据

大数据时代互联网企业和相关服务业财务风险控制研
究 / 姚奕著. — 长春 ：吉林出版集团股份有限公司，
2021.11

ISBN 978-7-5731-0463-2

Ⅰ. ①大… Ⅱ. ①姚… Ⅲ. ①网络公司－信息服务业
－财务风险－风险管理－研究－中国 Ⅳ.
①F279.244.4

中国版本图书馆 CIP 数据核字 (2021) 第 260643 号

大数据时代互联网企业和相关服务业财务风险控制研究

著　者	姚　奕
责任编辑	王　平
封面设计	林　吉
开　本	787mm×1092mm　　1/16
字　数	240 千
印　张	10.75
版　次	2021 年 12 月第 1 版
印　次	2021 年 12 月第 1 次印刷
出版发行	吉林出版集团股份有限公司
电　话	总编办：010-63109269
	发行部：010-63109269
印　刷	北京宝莲鸿图科技有限公司

ISBN 978-7-5731-0463-2　　　　　　　　　　定价：58.00 元

前言

如今，数据已经渗透到各行各业，成为重要的生产因素，我们已迈进了数据改变生活的大数据时代。在大数据背景下，企业之间的竞争愈发激烈，企业若想在市场上获得持续发展，就必须将互联网技术进行科学应用，达到理想的收益；反之，若对互联网运用不当，企业就会被社会淘汰。鉴于此，为使企业在大数据背景下可以得到稳定且快速的发展，企业相关部门必须要充分了解现阶段企业的财务管理现状，利用现有资源进行财务风险的预测与防范。

许多企业为了迎合时代的发展，适应新的发展环境，纷纷将大数据融合到企业的方方面面，以求获得更好更快的发展。然而，在网络迅速发展的同时，许多企业的财务管理人员却不够重视财务管理信息化，导致管理观念落后，信息化财务管理水平低，从根本上拖慢了企业的信息化发展，严重影响财务部门的工作质量。

财务技术人才匮乏。财务部门作为应用大数据的重要环节，需要大量的财务管理人才与信息化技术人才。但对我国来说，大部分企业并没有大量专业的信息化技术人才，而培养专业的财务管理信息化技术人才需要一定的时间和资源，因此我国大部分企业财务管理信息化技术人才的匮乏在很大程度限制了企业的信息化发展。

财务数据容易丢失泄露。财务数据安全问题对企业来说至关重要，在大数据背景下，该问题无疑更为突出。在大数据背景下，企业若想利用大数据技术提高财务管理水平，就必须收集海量的基础财务数据，而这些数据都是通过互联网与平台上其他企业实时共享，这说明企业在搜集数据的同时也会造成企业本身重要数据及信息甚至商业机密的丢失与泄露，导致企业信息泄露相关的财务风险。

财务决策失误。财务决策是企业高层管理人员根据现有的财务数据以及以往经验作出的对企业未来发展产生影响的决策，管理人员的失误决策可能引发企业的财务风险。财务人员能力不足导致数据分析出现误差，领导层对财务人员的建议不够重视，企业内部风险预测、控制系统不完善等因素都会导致管理人员的决策出现失误。

　　综上所述，风险与机遇并存，互联网的发展在为企业提供快速发展的机遇的同时，也带来了许多风险。在当今时代，企业若想发展就必然要承担一定风险，只有对大数据有着充分地了解并加以合理运用，才能从根本上降低风险，为企业的发展注入新鲜血液，在激烈的市场竞争中实现稳定发展。

作　者

2021 年 3 月

目 录

第 一 章 大数据时代

第一节　大数据的定义与本质

随着大数据时代的来临，大数据（Big Data）这个词近年来开始成了关注度极高和使用极频繁的一个热词。然而，与这种热度不太对称的是，大众只是跟随使用，对大数据究竟是什么并没有真正的了解。学术界对大数据的含义也莫衷一是，很难有一个规范的定义。虽然说大数据时代刚刚来临，对大数据的含义有着不同的理解完全是正常的，但对哲学工作者来说，我们还是有必要对其做一个比较系统的比较和梳理，以便大众更好地把握大数据的内涵和本质。

一、大数据的语义分析

早在 1980 年，著名未来学家阿尔文·托夫勒在其《第三次浪潮》一书中就描绘过未来信息社会的前景并强调了数据在信息社会中的作用。随着信息技术特别是智能信息采集技术、互联网技术的迅速发展，各类数据都呈现出急剧爆发之势，计算机界因此提出了"海量数据"的概念，并突出了数据挖掘的概念和技术，以便从海量的数据中挖掘出需要的数据成为一种专门的技术和学科，为大数据的提出和发展做好了技术的准备。2008 年 9 月，《自然》杂志推出了"大数据"特刊，并在封面中特别突出了"大数据专题"。2009 年开始，在互联网领域，"大数据"一词已经成了一个热门的词汇。不过，这个时候的"大数据"概念与现在的"大数据"概念，虽然名字相同，但内涵和本质有着巨大的差别，而且主要局限于计算机行业。

2011 年 6 月，美国著名的麦肯锡咨询公司发表了一份《大数据：下一个创新、竞争和生产力的前沿》的研究报告。在这份报告中，麦肯锡公司不但重新提出了大数据的概念，而且全面阐述了大数据在未来经济、社会发展中的重要意义，并宣告大数据时代的来临。由此，大数据一词很快越出学术界而成为社会大众的热门词汇，麦肯锡公司也因此成为大数据革命的先驱者。2012 年的美国大选中，奥巴马团队成功运用大数据技术战胜对手，并且还将发展大数据上升为国家战略，以政府之名发布了《大数据研究与发展计划》，让专业的大数据概念变为家喻户晓的词汇。美国的Google、Facebook、Amazon以及中国的百度、腾讯和阿里巴巴，这些数据时代的造富神话更让大众知晓了大数据所蕴藏的巨大商机和财富，成为世界各国政府和公司追逐的对象。2012年2月11日，《纽约时报》发表了头版文章，宣布大数据时代已经降临。2012年6月，联合国专门发布了大数据发展战略，这是联合国第一次就某一技术问题发布报告。英国学者维克托·舍恩伯格的《大数据时代》一书则对大数据技术及其对工作、生活和思维方式的改变进行了全面的普及，因此大数据及其思维模式在全世界得到了迅速的传播。从国内来说，涂子沛的《大数据：正在到来的数据革命》让国人及时了解到国际兴起的大数据热潮，让我们与国际同行保持了同步。

大数据究竟是什么意思呢？从字面来说，所谓大数据就是指规模特别巨大的数据集合，因此从本质上来说，它仍然是属于数据库或数据集合，不过是规模变得特别巨大而已，因此麦肯锡公司在上述的咨询报告中将大数据定义为："大小超出常规的数据库工具获取、存储、管理和分析能力的数据集。"

维基百科对大数据这样定义：Big Data is an all-encompassing term for any collection of data sets so large or complex that it becomes difficult to process using traditional data processing applications。中文维基百科则说："大数据，或称巨量资料，指的是所涉及的数据量规模巨大到无法通过人工在合理时间内截取、管理、处理，并整理成为人类所能解读的信息。"

世界著名的美国权威研究机构Gartner对大数据给出了这样的定义："大数据是需要新处理模式才能具有更强的决策力、洞察发现力和流程优化能力的海量、高增长率和多样化的信息资源。"百度百科则基本引用Gartner对大数据的定义，认为大数据，或称巨量资料，指的是需要新处理模式才能具有更强的决策力、洞察发现力和流程优化能力的海量、高增长率和多样化的信息资产。

英国大数据权威维克托则在其《大数据时代》一书中这样定义："大数据并非一个确切的概念。最初，这个概念是指需要处理的信息量过大，已经超出了一般电脑在数据处理时所能使用的内存量，因此工程师们必须改进处理数据的工具。""大数据是人们获得新认知、创造新的价值的源泉；大数据还是改变市场、组织机构，以及政府与公民关系的方法。"

John Wiley图书公司出版的《大数据傻瓜书》对大数据概念是这样解释的："大数据并不是一项单独的技术，而是新、旧技术的一种组合，它能够帮助公司获取更可行的洞察力。因此，大数据是指管理巨大规模独立数据的能力，以便以合适速度、在合适的时间范围内完成实时分析和响应。"

大数据技术在引入国内之后,我国学者对大数据的理解也是五花八门,不过跟国外学者的理解比较类似。最早介入并对大数据进行比较深入研究的三位院士的观点应该具有一定的代表性和权威性。

邬贺铨院士认为:"大数据泛指巨量的数据集,因可从中挖掘出有价值的信息而受到重视。"李德毅院士则说:"大数据本身既不是科学,也不是技术,我个人认为,它反映的是网络时代的一种客观存在,各行各业的大数据,规模从 TB 到 PB 到 EB 到 ZB,都是以三个数量级的阶梯迅速增长,是用传统工具难以认知的,具有更大挑战的数据。"而李国杰院士则引用维基百科定义:"大数据是指无法在一定时间内用常规软件工具对其内容进行抓取、管理和处理的数据集合",认为"大数据具有数据量大、种类多和速度快等特点,涉及互联网、经济、生物、医学、天文、气象、物理等众多领域。"

我国最早介入大数据普及的学者涂子沛在其《大数据:正在到来的数据革命》中,将大数据定义为:"大数据是指那些大小已经超出了传统意义上的尺度,一般的软件工具难以捕捉、存储、管理和分析的数据。"由于涂子沛的著作发行量比较大,因此他对大数据的这个界定也具有一定的影响力。

从国内外学者对大数据的界定来看,虽然目前没有统一的定义,但基本上都是从数据规模、处理工具、利用价值三个方面来进行界定:①大数据属于数据的集合,其规模特别巨大;②用一般数据工具难以处理因而必须引入数据挖掘新工具;③大数据具有重大的经济、社会价值。

二、大数据的哲学本质

大数据究竟是什么这个问题,仅仅从语义和特征来回答,似乎并没有完全揭示出大数据的本质。大数据时代的来临,最重要的是给我们带来了数据观的变革,只有从哲学世界观的视角分析大数据的世界观或数据观,才能真正回答大数据究竟是什么的问题。简单说来,大数据作为一场数据革命,除了带来海量数据,并且这些数据具有 4V 特征之外,更重要的是大数据带来的数据世界观。在大数据看来,万物皆数据,万物皆可被数据化,大数据刻画了世界的真实环境,并且带来了信息的完全透明化,我们的世界变成了一个透明的世界。

(一)在大数据看来,万物皆由数据构成,世界的本质是数据

世界究竟是什么?这是哲学家长期关注的重大问题。从古希腊哲学家泰勒斯开

始，哲学家们就开始探索世界的本原，并从 beginning（起源）和 element（要素）两个维度进行了回答。早期自然哲学家曾经把水、火、土、气、原子分别作为本原，而后期的人文哲学家则基本上将人类精神作为本原。马克思主义哲学正是从 beginning 的维度将历史上的所有哲学分为唯物主义和唯心主义两类，在这一维度上，物质和精神是对立的，只能二者选一。从 element 的维度看，物质和精神都是构成世界的要素，而且以往的哲学家和科学家基本都认为也只有这两者才是构成世界的终极要素。但刚刚兴起的大数据则认为，除了以往认为的物质和精神之外，数据是构成世界的终极要素之一，即构成世界的三大终极要素是物质、精神和数据。英国大数据权威维克托·舍恩伯格甚至认为，世界万物皆由数据构成，数据是世界的本质。

万物皆数据，数据是世界的本质，世界上的一切，无论是物质还是意识，最终都可以表述为数据，这样数据就成了物质、意识的表征，甚至将物质和意识关联统一起来。古希腊哲学家毕达哥拉斯从音乐与数字、几何图形与数字的关系中发现了数据的重要性，提出了"数是万物本原"的思想，强调了数据对世界构成的意义以及对世界认知的影响。无独有偶，老子在数千年前就认识到数据的世界终极本质，在《周易》中就提出了"道生一，一生二，二生三，三生万物"的思想，把世界的生成与数据联系起来。特别是在《易传》的阴阳八卦图中，从阴阳两极相反相成，从阴阳两仪，到八卦、六十四卦象等，由此不断演化，最后生成整个世界。两千多年以前的毕达哥拉斯和《周易》都不约而同地揭示了数据与万物的关系，以及世界的数据本质，充分强调了数据在世界构成中的重要地位。但是，在随后的两千多年的历史长河中，数据在人类生活和科学认知中虽然越来越重要，而且也有莱布尼兹、康德、马克思等哲学家关注过数据的重要性，不过总体来说，哲学家们对数据基本上是忽视的。随着大数据时代的来临，数据才获得到了应有的地位，哲学家们才又想起毕达哥拉斯和《周易》的数据世界观。可以说，大数据时代的来临是毕达哥拉斯和《周易》所提出的数据世界观的当代回响。

（二）在大数据看来，世界万物皆可被数据化，大数据可实现量化一切的目标

数据是对世界的精确测度和量化，是认知世界的科学工具。自从发明了数字和测量工具，人类就不断地试图对世界的一切进行数据测量、精确记录。古埃及时期，由于尼罗河泛滥，人们每年需要重新丈量土地，于是发现了数据的秘密，并发明了测量技术。于是，数据成了测量、记录财富的工具，人们日常生活所接触的大量物品、财产都可以用数据来表征，这个时期的数据可被称为"财富数据"。文艺复兴之后，人们逐渐发明了望远镜、显微镜、钟表等科学测量器具。随着测量技术的进步，测量

与数据被广泛应用于科学研究之中。例如，天文学家第谷对天文现象进行了大量的观察记录，并积累了大量的天文数据。随后，力学、化学、电磁学、光学、地学、生物学等，各门学科都通过测量走上了数据化、精确化的道路。各门科学积累了大量的科学数据，并借助于数据，各种自然现象都实现了可测量、可计算的精确化、数据化目标，自然科学各学科也完成了其科学化的历程。这个时期可被称为"科学数据"时期。

由于人类意识的复杂性，人类及其社会的测量和数据化成为量化一切的拦路虎。社会科学虽然引进自然科学方法，但其数据的客观性往往招致质疑，而人文学科更是停留在思辨的道路上。在传统方法遇到困难的地方，大数据却可以大显身手。大数据用海量数据来测量、描述复杂的人类思想及其行为，让人类及其社会彻底被数据化，这些数据可被称为"人文数据"。所以，大数据时代将数据化的脚步向前迈进了一大步，在财富数据化、科学数据化的基础上，实现了人文社会行为的数据化。因此，从大数据来看，数据是物质的根本属性，世界万物皆可被数据化，其一切状态和行为都可以用数据来表征，量化一切是大数据的终极目标。

（三）大数据全面刻画了世界的真实状态，科学研究不必再做理想化处理

真实、全面地认知世界是人类的一种理想，同时也是摆在人类面前的一道难题。真实的世界，无论是自然界还是人类社会，都极为复杂，需要极其繁多的参数才能准确、全面地对其进行描述。但是，由于过去没有先进的数据采集、存储和处理技术，于是不得不对复杂的研究对象进行"孤立、静止、还原"的简单化处理。所谓孤立就是把对象与环境的所有联系都切断，让其成为一个孤立的研究对象，免得受外界的侵扰。所谓静止，就是将本来运动变化的对象做一时间截面，然后就以这一时点的状态代表所有时点的状态。所谓还原是指将复杂的现象逐渐返回到几个简单的要素或原点，然后从要素的性质和状态推演出系统的性质和状态。复杂对象经过简单化处理之后，虽然我们能够认识和把握对象的某些性质和状态，但毕竟经过了简单、粗暴的理想化处理，它已经不能真正反映真实对象和真实世界。

大数据技术使用了无处不在的智能终端来自动采集海量的数据，并用智能系统处理、存储海量数据，不再需要对研究对象做孤立、静止和还原的简单化处理，而是将对象完全置于真实环境之中，有关对象的大数据全面反映了复杂系统各个要素、环节、时态的真实、全面状态。这样，在大数据时代，我们可以在真实、自然的状态下研究复杂的对象。大数据记录了真实环境下研究对象的真实状态，因此我们可以利用大数据去真实、完整、全面地刻画复杂的研究对象。这就是说，大数据是真实世界的全面记录，一切状态尽在数据之中，大数据真正客观地反映了对象的真实状态。

（四）万物的数据化带来了世界的透明化，未来的世界是一个透明世界

宇宙万物，复杂多变，人们在面对复杂多变的世界时往往感到漆黑一片，难怪哲学家康德会认为，现象世界背后存在着一个物自体，而这个物自体就像一个黑箱，永远无法被人类认知，那是上帝留下的自留地，科学无法涉足其中。这就是说，真实的世界就像一个大黑箱，我们永远无法打开。我们人类就像那个剥洋葱的小男孩，剥到最后也不知道里边究竟是什么。

但是，大数据技术彻底改变了人类对世界的认知。由于无处不在的智能芯片，整个世界变成了一个智能的世界、数据的世界，或者叫智慧世界。通过赋予世界以智慧，就像一切事物都被安装了充满智慧的大脑。无所不知的智能系统可以感知出世界的一切，而且将一切状态都以数据的形式记录、储存下来。通过数据挖掘，我们人类就可以知道世界的一切秘密。康德所设置的科学禁区被大数据所打破，透过大数据，世界变成了一个完全透明的世界，一切都可以被人类所感知、把握和预知。大数据让我们的世界从一个附魅的世界变成了祛魅的世界，数据的阳光把原本黑暗、神秘的世界深处照得通彻透亮。在大数据面前，无论是自然物质世界还是人类精神世界，都从黑天鹅变成了白天鹅甚至是透明的天鹅，大数据成了无所不能的上帝。套用赞美牛顿的一首英格兰儿歌来说，宇宙万物及其秘密都隐藏在黑暗之中，上帝说，让大数据去吧，于是一切都变成了光明！

大数据究竟是什么？这个问题虽然难用一句话回答，但从大数据的语义中我们知道了大数据意味着数据规模特别巨大，以至于传统的技术手段难于处理。从大数据的4V特征中，我们进一步了解到大数据时代的所谓数据已经从狭义的数字符号走向了广义的信息表征，一切信息都是数据。从大数据的哲学本质中，我们更深入地发掘出大数据现象背后所蕴藏的哲学本质：大数据代表着一种新的世界观，万物皆数据，数据是万物的本质属性，而且随着大数据的发展，我们的世界将变成一个完全被数据化的透明世界。

三、大数据时代社会治理逻辑创新

（一）树立科学大数据的理念是大数据时代社会治理方式创新的前提

随着数据在社会生活中作用的日益明显，树立科学的大数据理念对于科学运用大数据具有前置作用。一是重视数据。加强领导干部的数据意识，培养用数据说话的意识和客观分析的理性思维。二是要尊重数据。加强对知识的尊重和对科技人才的重视，提高科技决策在政府决策的地位，使数据成为判断的标准参考。三是要敬畏

数据。加强对大数据理论的学习和思考,进一步提高对数据的认知和驾驭能力。

（二）建立广泛的数据获取渠道是大数据时代社会治理方式创新的基础

数据的多少、质量的好坏是数据服务社会治理的关键。一是要建立明确的数据权属。制定数据边界清单,厘清数据共享范围。二是要建立数据正常交易渠道。尝试以发达地区为试点,开展大数据交易平台建设应用,为数据提供合法的、正规交换平台。三是建立权力与责任统一的数据应用模式。建立监管机制,使商家在使用数据的同时,履行好数据保护和数据清洗的义务。

（三）建设服务型政府是大数据时代社会治理方式创新的关键

政府要加强利用大数据实现政府职能转变,充分运用大数据平台,进一步提升便民服务水平,切实加强人民群众的安全和满意度。一是建立跑一趟的服务机制。利用大数据的便利优势,实现政务信息公开,设置查询"一键通"功能,为群众办事提供数字向导,同时减少政府开支。二是加强政府、企业间数据共享。打破数据壁垒是数据共享的关键。加快建立数据共享机制,充分调动相关企业、机关的积极性,构建公民办事信息的全网共享使用,减少重复录入、采集问题。三是打破信息垄断。将数据公开于民,使企业更加便捷地获取想要的数据,更好地而分析形势以保证经济的稳健发展。

（四）加强资本防范和技术监管是大数据时代社会治理方式创新的底线

大数据技术异化的背后,是利益相关者之间的博弈,也是资本逐利的外现。新经济不排斥资本的功能,但当资本目标与公共利益发生冲突时,就要毫不犹豫地选择服从公共利益,对资本控制进行防范。只有明确资本走向,扎牢法制围栏,相关部门对市场中各种违法违规行为严加防范、严厉打击,以法治赢得利益各方的信任,才能让资本有效助推大数据发展。此外,要确保大数据安全,还要构筑牢固的技术安全底线。归根结底,大数据是依靠互联网技术支撑的,技术上的控制力在大数据的发展中起到了至关重要的作用。因此,要提高技术创新力度,努力实现关键网络设施及软件产品的国产化,摆脱对西方技术的依赖,从根本上提升大数据平台的安全防护能力。

第二节　大数据的分类与技术

一、大数据网络中数据分类优化

大数据时代的到来给人类生活带来许多便利,涉及各个行业领域。由于数据量的庞大,在进行处理时,较难把握数据的完整性和纯度性,而运用大数据进行数据分类优化可以保证数据质量,提高数据管理效率。就数据分类优化的相关概念进行阐述,指出传统数据分类方法的不足,探讨数据分类在大数据网络中如何应用。

(一)大数据网络和数据分类优化的相关概念

大数据就是利用计算机对数量庞大的数据进行处理,在一定范围内,无法运用常规数据处理软件对数据进行处理加工时,需要开发新的数据处理模式对数据进行处理。

数据分类是指将某种具有共性或相似属性的数据归在一起,根据数据特有属性或特征进行检索,方便数据查询与索引,常见的数据分类有连续型和离散型、时间序列数据和截面数据、定序数据、定类数据、定比数据等,数据分类应用较多的行业是逻辑学、统计学等学科。数据分类遵循以下几条原则:一是稳定性,进行数据分类的标准是数据各组特有的属性,这种属性应是稳定的,确保分类结果的稳定;二是系统性,数据进行分类必须逻辑清晰,系统有条理;三是可兼容性,数据分类的基本目的就是存储更多数据,在数据量加大时,保证数据的类别可以共存;四是扩充性,数据根据分类标准可以随时扩充;五是实用性,数据分类的目的是对数据进行更好的管理和使用,有明确的分类标准,逻辑清晰,方便索引,数据获取方便。

(二)传统数据分类优化识别方法存在的问题

21 世纪是大数据时代,大数据网络衍生出大量数据,因此对数据进行分类尤其重要,传统数据分类缺乏大数据环境带来的优势,对数据分类只是通过计算机根据现有分类标准进行粗略划分,在后期数据索引工作造成较大麻烦。常见的数据分类方法造成数据冗余度过高,在数据处理和使用过程中,索引属性或特征遭遇改变,使得最初的数据分类标准变得不明确,对数据管理造成困扰。

1. 分类数据冗余度过高

数据冗余是指数据重复,即一条数据信息可在多个文件中查询,数据冗余度适当可以保证数据安全,防止数据丢失。但数据冗余度高会导致数据索引过程中降低数据查询准确性,很多人为简化操作流程对同一数据在不同地方存放,为了数据完整性进行多次存储和备份,这些操作无形中会增大数据冗余度。传统数据分类处理存在数据丢失的顾虑,需要对数据进行多次备份,没有认识到增加数据独立性,减少数据冗余度可以保证数据资源的质量和使用效率这一重要性。

2. 数据分类标准不明确

数据分类是为了对数据进行更好的管理和使用,人们进行数据分类是希望对之前操作造成的数据冗余度适量降低，但传统数据分类并没有确定明确的分类标准，对数据进行盲目分类，以至在后期索引中造成不便，无法实现数据的有效提取。传统数据分类采用的方法是基于支持向量机的分类方法、基于小波变换算法分类方法、基于数据增益算法，以上几种分类算法造成数据冗余度过高。

（三）大数据网络中数据分类优化识别探究

1. 实现数据冗余分类优化

数据冗余度是一种多种类分类的问题，增加数据独立性和降低数据冗余度是计算机分类数据的目标之一。大数据网络优化通过改变分类算法，对数据冗余现象进行处理分析，在数据分类优化识别过程中，利用局部特征分析方法，对冗余数据中的关键信息作二次提取并相应标记，更换第一次数据识别属性或特征，并将更换过的数据属性作为冗余度数据识别标准，实现冗余度数据的二次分类优化识别。

2. 据分类标准明确清晰

大数据网络中的数据有多个类别，对数据进行分类优化识别必须具有明确清晰的标准，这是传统计算机网络不能做到的。以大数据为研究对象，根据特定标准进行数据分类，提取大数据中的关键属性和特征作为分类标准，在后期数据整理归类时按照相应的分类标准进行归档处理，实现数据的高效管理和使用。经研究表明，在Matlab 的仿真模拟环境中，利用虚拟技术对数据进行分类优化识别过程进行模拟，根据仿真图像可得出，大数据网络下数据分类处理呈现时域波形，表明数据分类处理结果较为准确。此外，还可以通过向量量化方法对大数据信息流中的关键数据进行获取和处理，作为数据分类优化识别的结果，也获得了理想效果。

大数据网络下对数据进行分类优化识别具有重要意义，通过本节论述，数据冗余度仍然是大数据网络分类优化识别应用的主要问题，数据在输入和使用过程中造成数据冗余等普遍问题，通过加强对数据冗余度的处理，可以实现数据分类优化识别的目的。数据分类优化识别讲究准确率，提高准确率对数据分类优化识别起到关键作用，改进数据分类优化识别出来方法，在降低数据冗余度的同时，促进大数据网络中数据分类优化识别的进一步发展。

二、大数据时代数据挖掘技术

21 世纪是数据信息大发展的时代，移动互联、社交网络、电子商务等都极大拓展了其应用范围，各种数据迅速扩张变大。大数据蕴藏着价值信息，但如何从海量数据中淘换出对客户有用的沙金甚至钻石，是数据人面临的巨大挑战。本节在分析大数据基本特征的基础上,对数据挖掘技术的分类及数据挖掘的常用方法进行了简单分析,以期在大数据时代背景下能够在数据挖掘方向取得些许成绩。

(一)大数据时代数据挖掘的重要性

随着互联网、物联网、云计算等技术的快速发展,以及智能终端、网络社会、数字地球等信息体的普及和建设,全球数据量出现爆炸式增长,仅在 2011 年就达到 1.8 万亿 GB。IDC(Internet Data Center,互联网络数据中心)预计,到 2020 年全球数据量将增加 50 倍。毋庸置疑,大数据时代已经到来。一方面,云计算为这些海量的、多样化的数据提供了存储和运算平台,同时数据挖掘和人工智能也从大数据中发现知识、规律和趋势,为决策提供信息参考。

如果运用合理的方法和工具,在企业日积月累形成的浩瀚数据中,是可以淘到沙金的,甚至可能发现许多大的钻石。在一些信息化较成熟的行业,就有这样的例子。比如银行的信息化建设就非常完善,银行每天生成的数据数以万计,如储户的存取款数据、ATM 交易数据等。

数据挖掘是借助 IT 手段对经营决策产生决定性影响的一种管理手段。从定义上来看,数据挖掘是指一个完整的过程,该过程是从大量、不完全、模糊和随机的数据集中识别有效的、可实用的信息,并运用这些信息做出决策。

(二)数据挖掘的分类

数据挖掘技术从开始的单一门类的知识逐渐发展成为一门综合性的多学科知识,并由此产生了很多的数据挖掘方法,这些方法种类多,类型也有很大的差别。为了满足用户的实际需要,现对数据挖掘技术进行如下几种分类:

1. 按挖掘的数据库类型分类

利用数据库对数据分类成为可能,这是因为数据库在对数据储存时就可以对数据按照其类型、模型以及应用场景的不同来进行分类,根据这种分类得到的数据在采用数据挖掘技术时也会有满足自身的方法。对数据的分类有两种情况,一种是根据其模型来分类,另一种是根据其类型来分类,前者包括关系型、对象 - 关系型以及事务型和数据仓库型等,后者包括时间型、空间型和 Web 型的数据挖掘方法。

2. 按挖掘的知识类型分类

这种分类方法是根据数据挖掘的功能来实施的,其中包括多种分析的方式,例如相关性、预测及离群点分析方法,充分的数据挖掘不仅仅是一种单一的功能模式,还是各种不同功能的集合。同时,在上述分类的情况下,还可以按照数据本身的特性和属性来对其进行分类，例如数据的抽象性和数据的粒度等，利用数据的抽象层次来分类时可以将数据分为三个层次，即广义知识的高抽象层，原始知识的原始层以及多层知识的多个抽象层。一个完善的数据挖掘可以实现对多个抽象层数据的挖掘，找到其有价值的知识。同时，在对数据挖掘进行分类时还可以根据其表现出来的模式及规则性和是否检测出噪声来分类，一般来说，数据的规则性可以通过多种不同的方法挖掘，例如相关性和关联分析以及通过对其概念描述和聚类分类、预测等方法，同时还可以通过这些挖掘方法来检测和排除噪声。

3. 按所用的技术类型分类

数据挖掘的时候采用的技术手段千变万化，例如可以采用面向数据库和数据仓库的技术以及神经网络及其可视化等技术手段，同时用户在对数据进行分析时也会使用很多不同的分析方法，根据这些分析方法的不同可以分为遗传算法、人工神经网络，等等。一般情况下，一个庞大的数据挖掘系统是集多种挖掘技术和方法的综合性系统。

根据数据挖掘的应用领域来进行分类，包括财经行业、交通运输业、网络通信业、生物医学领域如 DNA 等，在这些行业或领域中都有满足自身要求的数据挖掘方法。对于特定的应用场景，此时就可能需要与之相应的特殊的挖掘方法，并保证其有效性。综上所述，基本上不存在某种数据挖掘技术可以在所有行业中都能使用，每种数据挖掘技术都有自身的专用性。

（三）数据挖掘中常用的方法

目前数据挖掘方法主要有 4 种，这四种算法包括遗传、决策树、粗糙集和神经网络算法。以下对这四种算法进行一一解释说明。

遗传算法：该算法依据生物学领域的自然选择规律以及遗传的机理发展而来，是一种随机搜索的算法，利用仿生学的原理来对数据知识进行全局优化处理。是一种基于生物自然选择与遗传机理的随机搜索算法，是一种仿生全局优化方法。这种算法具有隐含并行性、易与其他模型结合等优点，从而在数据挖掘中得到了应用。

决策树算法：在对模型的预测中，该算法具有很强的优势，利用该算法对庞大的数据信息进行分类，从而对有潜在价值的信息进行定位，这种算法的优势也比较明显，在利用这种算法对数据进行分类时非常迅速，同时描述起来也很简洁，在大规模数据处理时，这种方法的应用性很强。

粗糙集算法：这个算法将知识的理解视为对数据的划分，并将这种划分的一个整体叫作概念，这种算法的基本原理是将不够精确的知识与确定的或者准确的知识进行类别刻画。

神经网络算法：在对模型的预测中，该算法具有很强的优势，利用该算法对庞大的数据信息进行分类，从而对有潜在价值的信息进行定位，这种算法的优势也比较明显，在利用这种算法对数据进行分类时非常迅速，同时描述起来也很简洁，在大规模数据处理时，这种方法的应用性很强。光缆监测及其故障诊断系统对于保证通信的顺利至关重要，同时这种技术方法也是顺应当今时代潮流必须推广使用的方法。同时，该诊断技术为通信管网和日常通信提供了可靠的技术支持和可靠的后期保证。

第三节　大数据的特征

一、大数据的4V特征

我们从大数据的概念中很难把握大数据的属性和本质，因此国内外学者都在大数据概念的基础上继续深入探讨大数据的基本特征，其中最有代表性的是大数据的3V特征或4V特征。所谓大数据的3V或4V特征是指大数据所具有的三个或四个以英文字母V打头的基本特征。所谓的3V是指Volume（体量）、Variety（多样）、Velocity（速度），这三个V是比较公认的，基本上没有争议[11]。而4V是在3V的基础上再加上一个V，而这个V究竟是什么，目前有比较大的争议。有人将Value（价值）作为第四个V，而有人将Veracity（真实）当作第四个V。笔者曾经将Value当作第四个V，但现在则认为Veracity似乎更能代表大数据的第四个基本特征。

（一）Volume（数据规模巨大）

大数据给人印象最深的是数据规模巨大，以前也被称为海量，因此大数据的所有定义中必然会涉及大数据的数据规模，而且特别指出其数据规模巨大，这就是大数据的第一个基本特征：数据规模巨大。

从古埃及开始，人们就学会了丈量土地、记录财产，数据也由此产生。古埃及、巴比伦、古希腊都用纸草、陶片作为数据记录的工具，数据规模极其有限。古代中国也很早就有丈量土地和记录财富的历史，先是用陶片、竹片、绢布等做记录工具，后来有了纸张、印刷术等，各种数据更容易被记录，于是就有了"学富五车"的知识人，以及"汗牛充栋"的图书收藏机构。不过古人引以自豪的事情如今看来只是"小儿科"。如今大数据的规模究竟有多大呢？虽然没有一个确切的统计数字，但我们可以举例描述其规模。现在一天内在 Twitter 上发表的微博就达到 2 亿条，7 个 TB 的容量，50 亿个单词量，相当于《纽约时报》出版 60 年的单词量。阿里巴巴通过其交易平台积累了巨大的数据，截至 2014 年 3 月，阿里已经处理的数据就达到 100PB，等于 104 857 600 个 GB 的数据量，相当于 4 万个西雅图中央图书馆，580 亿本藏书的数据。腾讯 QQ 目前拥有 8 亿用户，4 亿移动用户，在数据仓库存储的单机群数量已达到 4 400 台，总存储数据量经压缩处理以后在 100PB 左右，并且这一数据还在以日新增 200TB 到 300TB，月增加 10% 的数据量增长，腾讯的数据平台部门正在为 1 000 个 PB 做准备。

随着大数据时代的来临，各种数据呈爆炸性增长。从人均每月互联网流量的变化就窥见一斑。1998 年网民人均月流量才 1 MB，到 2000 年达到 10MB，到 2008 年平均一个网民是 1 000MB，到 2014 年是 10 000MB。在芯片发展方面，有一个著名的摩尔定律，说的是每 18 个月，芯片体积要减小一半，价格降一半，而其性能却要翻一倍。在数据的增长速度上，有人也引用摩尔定律，认为大概 18 个月或 2 年，世界的数据量就要翻一番。2000 年，全世界的数据存储总量大约 800 000PB，而预计到 2020 年，世界的数据存储量将达到 35ZB。以前曾有人提出知识爆炸论而备受争议，而如今的数据暴增已是摆在我们面前的现实。

（二）Variety（数据类型多样）

大数据并不仅仅表现在数据量的暴增及数据总规模的庞大无比，最为关键的是，在大数据时代，数据的性质发生了重大变化。在小数据时代，数据的含义和范围是狭义的。所谓数据，其原意是指"数 + 据"，即由表示大小、多少的数字，加上表示事物性质的属性，即所谓的计量单位。狭义的数据指的是用某种测量工具对某事物进行测量的结果，而且一定是以数字和测量单位联合表征的。但在大数据时代，数据的含义和属性发生了重大变化，数据的范围几乎无所不包，除了传统的"数 + 据"之外，似乎只要能被 0 和 1 符号表述，能被计算机处理的都被称为数据。也可以说，大数据时代就是信息时代的延续与深入，是信息时代的新阶段。在大数据时代，数据与信息基本上是同义词，任何信息都可以用数据表述，任何数据都是信息。这样数据的范围得到了巨大的扩展，即从狭义的数字扩展到广义的信息。

传统的数据属于具有结构的关系型数据，也就是说数据与数据之间具有某种相关关系，数据之间形成某种结构，因此被称为结构型数据。例如，我们的身份证都是按照 19 位的结构模式进行采集和填写数据，手机号码都是 11 位的数据结构，而人口普查、工业普查或社会调查等数据采集都是事先设计好固定项目的调查表格，按照固定结构填写,否则会因无法做出数据处理而被归入无效数据。在大数据时代,除了这种具有预定结构的关系数据之外,更多的是属于半结构和无结构数据。所谓半结构就是有些数据有固定结构,有些数据没有固定结构,而无结构数据则没有任何的固定结构。结构数据是有限的,而半结构和无结构数据却几乎是无限的。例如,文档资料、网络日志、音频、视频、图片、地理位置、社交网络数据、网络搜索点击记录、各种购物记录,等等,一切信息都被纳入数据的范围而带来了数据类型多样的特征,也因此带来了所谓的海量数据规模。

(三)Velocity(数据快捷高效)

大数据的第三个特征是数据的快捷性,指的是数据采集、存储、处理和传输速度快、时效高。小数据时代的数据主要是依靠人工采集而来,例如天文观测数据、科学实验数据、抽样调查数据以及日常测量数据等。这些数据因为依靠人工测量,所以测量速度、频次和数据量都受到一定的限制。此外,这些数据的处理往往也是费钱费力的事情,比如人口普查数据,因为涉及面广,数据量大,每个国家往往只能 10 年做一次人口普查,而且每次人口普查数据要经过诸多部门和人员多年的统计、处理才能得到所需的数据。人口普查数据公布之时,人口情况早已发生了巨大的变化。

在大数据时代,数据的采集、存储、处理和传输等各个环节都实现了智能化、网络化。由于智能芯片的广泛应用,数据的采集实现了完全智能化和自动化,数据的来源从人工采集走向了自动生成。例如,上网自动产生的各种浏览记录,社交软件产生的各种聊天、视频等记录,摄像头自动记录的各种影像,商品交易平台产生的交易记录,天文望远镜的自动观测记录等。由于数据采集设备的智能化和自动化,自然界和人类社会的各种现象、思想和行为都被全程记录下来,因此形成了所谓的"全数据模式",这也是大数据形成的重要原因。此外,数据的存储实现了云存储,数据的处理实现了云计算,数据的传输实现了网络化。因此,所有数据都从原来的静态数据变为动态数据,从离线数据变为在线数据,通过快速的数据采集、传输和计算,系统可以做出快速反馈和及时响应,从而达到即时性。

(四)Veracity(数据客观真实)

大数据的第四个特征是数据的真实性。数据是事物及其状态的记录,但这种记录也因是否真实记录事物及其状态而产生了数据真实性问题。由于小数据时代的数据都是人工观察、实验或调查而来的数据,人的主观性难免被渗透到数据之中,这就是科学哲学中著名的"观察渗透理论"。我们在观察、实验或问卷调查的时候,首先就要设置我们采集数据的目的,然后根据目的设计我们的观察、实验手段,或者设计我们的问卷以及选择调查的对象,因此这些环节中都强烈渗透着我们的主观意志。也就是说,小数据时代,我们先有目的,后有数据,这些数据难免被数据采集者污染,很难保持其客观真实性。

但在大数据时代,除了人是智能设备的设计和制造者之外,我们人类并没有全程参与到数据的采集过程中,所有的数据都是由智能终端自动采集、记录下来的。这些数据在采集、记录之时,我们并不知道这些数据能用于什么目的。采集、记录数据只是智能终端的一种基本功能,是顺便采集、记录下来的,并没有什么目的。有时候甚至认为这些数据属于数据垃圾或数据尘埃,先记录下来,究竟有什么用,以后再说。也就是说,在大数据时代,我们是先有数据,后有目的。这样,由于数据采集、记录过程中没有了数据采集者的主观意图,这些数据就没有被主体污染,也就是说,大数据中的原始数据并没有渗透理论,因此确保了其客观真实性,真实反映了事物及其状态、行为。

二、大数据的采集方法

(一)系统日志采集方法

对于系统日志采集,很多互联网企业都有自己的海量数据采集工具,如 Hadoop 的 Chukwa,Cloudera 的 Flume,Facebook 的 Scribe 等,它们均采用分布式架构,能满足每秒数百 MB 的日志数据采集和传输需求。

(二)网络数据采集方法:对非结构化数据的采集

网络数据采集可以将非结构化数据从网页中抽取出来,将其存储为统一的本地数据文件,并以结构化的方式存储。还可以通过网络爬虫或网站公开 API 等方式从网站上获取数据信息。它支持图片、音频、视频等文件或附件的采集,附件与正文可以自动关联。对于网络流量的采集可以使用 DPI 或 DFI 等带宽管理技术进行处理。

(三)其他数据采集方法

对于企业生产经营数据或学科研究数据等保密性要求较高的数据,可以通过与企业或研究机构合作,使用特定系统接口等相关方式采集数据。

三、大数据存储(导入)和管理

（一）并行数据库

并行数据库系统大部分采用了关系数据模型并且支持 SQL 语句查询，是在无共享的体系结构中进行数据操作的数据库系统。

（二）NoSQL数据管理系统

NoSQL 指的是"Not Only SQL"，即对关系型 SQL 数据系统的补充。NoSQL 最普遍的解释是"非关系型的"，强调键值存储和文档数据库的优点，而不是单纯地反对关系型数据库。它采用简单数据模型、元数据和应用数据的分离、弱一致性技术，使 NoSQL 能够很好地应对海量数据的挑战。

（三）云存储与云计算

在云计算概念上延伸和发展出来的云存储，是一种新兴的网络存储技术，是将网络中大量不同类型的存储设备通过应用软件集合起来协同工作，共同对外提供数据存储和业务访问功能的一个系统。云存储是一个以数据存储和管理为核心的云计算系统。

（四）实时流处理

所谓实时系统，是指能在严格的时间限制内响应请求的系统。流式处理就是指源源不断的数据流过系统时，系统能够不停地连续计算。所以，流式处理没有严格的时间限制，数据从进入系统到出来结果可能需要一段时间。然而，流式处理唯一的限制是系统长期来的输出速率应当快于或至少等于输入速率。否则，数据会在系统中越积越多。

四、大数据的分析

数据分析主要利用分布式数据库，或者分布式计算集群来对存储于其内的海量数据进行普通的分析和分类汇总等，以满足大多数常见的分析需求。统计与分析这部分的主要特点和挑战是分析涉及的数据量大，其对系统资源，特别是 I/O 会有极大的占用。如果是一些实时性需求会用到 EMC 的 GreenPlum、Oracle 的 Exadata，以及基 MySQL 的列式存储 Infobright 等，而一些批处理，或者基于半结构化数据的需求可以使用 Hadoop。

五、大数据的挖掘与展示

大数据技术不在于掌握庞大的数据信息，而在于将这些含有意义的数据进行专业化处理，将海量的信息数据经过分布式数据挖掘处理后将结果可视化。数据可视化主要是借助于图形化手段，清晰有效地传达与沟通信息。依据数据及其内在模式和关系，利用计算机生成的图像来获得深入认识和知识。这样就对数据可视化软件提出了更高的要求。数据可视化应用软件的开发迫在眉睫，数据可视化软件的开发既要保证实现其功能用途，同时又要兼顾美学形式。例如，标签云、聚类图、空间信息流、热图等。

大数据成为推动经济转型发展的新动力。以数据流引领技术流、物质流、资金流、人才流，将深刻影响社会分工协作的组织模式，促进生产组织方式的集约和创新。大数据已经成为重塑国家竞争优势的新机遇。在全球信息化快速发展的大背景下，大数据已成为国家重要的基础性战略资源，正引领新一轮科技创新。大数据还成为提升政府治理能力的新途径。大数据应用能够揭示传统技术方式难以展现的关联关系，推动政府数据开放共享，促进社会事业数据融合和资源整合，将极大提升政府整体数据分析能力，为有效处理复杂社会问题提供新的手段。

第四节　大数据技术的诠释学

诠释学就是通过理解和解释，呈现出文本的意义，掌握文本的精神，达到应用的目的。在大数据技术的诠释中，海量数据是作为待诠释的数据文本形式存在。数据文本自身不具有内在的结构，是一种非结构化的存在，只有在大数据技术诠释中，数据文本给定的诸事实与外在于数据文本的事实之间才建立起一种结构性关系，这就是数据文本的非结构化的结构性特征。在大数据技术诠释中，数据只是给定的事实，数据文本本身不具有意义。只有在大数据技术诠释中，经过描述型分析、诊断型分析、预测型分析和指令型分析这样一个完整的诠释径路，海量数据才能被理解，数据文本的意义才得到实现，大数据技术应用才成为可能。大数据技术诠释对数据文本的诠释是关系性的，也就是，在大数据技术诠释中，我们对大数据文本所做的是关系诠释。在大数据技术诠释从描述型分析到诊断型分析再到预测型分析最后到指令型分析的每一次过渡中，关系都被显现和确立了起来。

大数据技术的"是之所是"——即大数据技术的本体是关系，但是作为大数据技术"是之所是"的关系隐匿在海量数据之中，只有将海量数据作为大数据文本并对其进行诠释，大数据技术的本体——关系才会绽露和显现。

一、诠释学的基本内涵

要对大数据技术进行诠释学的分析，首先要厘清诠释学这一基本概念。从词源学上看，诠释学 (hermeneutik) 一词的动词形式为 hermeneuein，其古希腊文为，陈述思想，含有宣告、口译、阐明和解释的意思。Hermeneuein 一词的词根为 Hermes(赫尔墨斯)，而 Hermes(赫尔墨斯) 是负责向人间宣告、传达、阐明、转译和解释众神信息和意志的信使，因此，诠释就是宣告、传达、阐明、转译和解释的意思。诠释学，按照伽达默尔的观点，就是宣告、传达、阐明、转译和解释的技术。从语言学的视角看，诠释学这一语词源于柏拉图，他在《伊庇诺米篇》中把诠释学与占卜术归属为同一类，将其作为一种解释众神旨意的技术。亚里士多德在其 Peri Hermeneias(诠释篇) 中沿用了诠释学一词，但理解和使用与柏拉图显然不同，他对诠释学的理解和使用均是语言学意义上的。后希腊时期，诠释学一词"有学识的解释"的含义，但这种"有学识的解释"是与圣经注释联系在一起的。现代意义上的诠释学概念是由笛卡尔首先提出来的。1654 年，丹恩豪尔发表了题为《圣经诠释学或圣经文献学解释方法》一书，此后，人们才区分了神学诠释学和法学诠释学。

我们所说的大数据技术的诠释学分析中的诠释学不是神学诠释学，也不是法学诠释学，而是哲学诠释学。哲学诠释学奠基于海德格尔构建的存在本体论的诠释学，其核心要义是将理解奠基于人类存在的本体特征之上。伽达默尔对海德格尔奠基于存在本体论的哲学诠释学进行了发挥、发展和完善，并由此建立起了一整套关于理解和解释的理论体系。伽达默尔的哲学诠释学的本质是人们对文本的理解和解释是在"偏见"客观存在情况下的"视域融合"过程，他认为理解不仅要在视域融合中发生和进行，由于任何思想观念的表达都离不开语言，因此，理解还跟语言密切联系在一起。

无论神学诠释学、法学诠释学亦或是哲学诠释学，都是要通过对于文本的理解和解释，理解文字的意义，解释文字的精神，获得实际的应用。理解文本、解释精神、获得意义、得到应用，这是诠释学的一些基本要素。对于大数据技术的诠释学分析就是在诠释学的这些基本要素中展开的。

二、作为诠释文本的数据

现代哲学诠释学的三个基本要素是文本、作者和阅读者，浪漫主义诠释学派的阿斯特将文字、意义和精神看作是诠释的三个要素,他同时又认为诠释的这三个要素统一于被诠释被理解的文本之中。由此可见,文本才是我们诠释和理解的核心要素,是诠释和理解面对的当然对象。那么,在大数据技术中,数据是如何作为被诠释被理解的文本而存在的呢?

数据是大数据技术"是之所是"的基本质料,作为大数据技术"是之所是"基本质料的数据,在哲学诠释学的视域下则是作为文本而存在的。

在传统的数据分析中,数据作为样本而存在。如在人口新常态背景下,人们要对农村家政女工的生存和发展状况展开分析和研究,通常的做法是选择几个典型性区域作为代表,以此为样本对调查数据开展样本分析和研究。在诠释学语境中,作为典型性代表的数据样本就是作为诠释的文本而存在的,对于作为样本的数据的分析过程实际上就是对于数据文本的诠释过程。

但是我们可以看到,在传统的作为样本的数据文本中,数据文本作为单一的要素而存在。如对于人口新常态背景下农村家政女工的生存和发展状况数据样本,其仅仅作为样本唯一地解释着和呈现出人口新常态背景下农村家政女工的生存和发展状况,除此之外,由于要素的单一性不可能生成一种构成的结构性,数据样本也就别无他用。另一方面,在这个传统的数据分析案例中,数据样本仅需能够说明并且也只能够用来分析和研究人口新常态背景下农村家政女工的生存和发展状况,也就是说,作为样本的数据文本的诠释其意义是确定的,目标是单一的。由此可见,在传统的数据分析中,作为样本的数据文本在要素、结构和功能上都是单一的、确定的,从总体上来看只是一种一一对应的相关关系。因此,在这种具有目标确定性且要素、结构和功能处于一种一一对应的相关关系的数据文本中,数据与其说是作为文本被诠释而获得理解和意义,不如说,在其中,数据样本是作为论据去对观点进行论证、解释和说明。这样,本身作为需待诠释的对象文本却成为了解释他者的手段或工具,数据的文本意义也就在解释他者中丧失了其作为诠释文本的本来含义。

只有进入大数据时代,大数据的文本含义才可能真实地显露出来。在大数据技术的广泛应用中,海量数据——大数据是作为真实本己的诠释文本而存在。

舍恩伯格和库克耶认为,大数据时代,我们需要的不是随机的样本——我们需要的是所有的数据。"样本=总体",这就是大数据时代诠释文本的存在样态。有人或许要问,为什么作为总体的数据就是有待被诠释的文本?在舍恩伯格和库克耶的《大数据时代》中记载了日本先进工业技术研究所的坐姿研究与汽车防盗系统这样一个案例,在这个案例中,把人坐着的时候的身形、姿势和重量分布量化和数据化,形成的海量数据就是作为有待被诠释的文本而存在。我们知道,人坐着的时候的身形、姿势和重量分布量化和数据化后生成的海量数据,从表面上看来,就是一堆似乎混杂的无意义的数据,只有将其作为文本,对其可能存在的与诸事实的关系建立起某种联系,我们才有可能理解它,并且使得它的意义得到呈现。事实上也正是如此,通过对这一海量数据文本的诠释,我们可以解读出一个人的坐姿和身份识别、安全驾驶、汽车防盗、盗车案侦破之间的关系,从而呈现出海量数据的文本意义。

那么,作为诠释文本的数据又是以一种什么样的方式存在的呢?

《大数据时代》的作者认为,在大数据时代,我们不必非得知道现象背后的原因,而是要让数据自己"发声"。这话无非就是说,进入大数据时代后,人们关注的焦点不再是现象背后的因果性,我们注重的恰恰是诸事实间的相关关系。为什么我们不关注因果性转而重视数据给定的诸事实间的相关关系?有学者认为,一个重要的原因就是海量数据的非结构化特征导致我们很难(也没有太大的必要)去探究数据给定的诸事实背后的因果关系,因此,我们只要弄清楚数据给定的诸事实间的相关关系,这就足够了。

与经典的具有物理实在的技术不同,在大数据技术中,大数据的结构可以说正是以其非结构性的特点表现出来的。在经典的具有物理实在的技术中,技术人工物作为一个具有整体性的系统,通常总是包含要素、结构和功能这三个组成部分,并且技术人工物的构成要素只要按照一定的结构构成之后,其必然呈现出一定的功能,虽然要素、结构、功能之间并非总是一一对应的线性相关关系,但不可否认的是,这种经典的具有物理实在性特征的技术人工物通常总是结构性的技术实在。但是在大数据技术中,大数据作为诠释文本的结构却呈现出非结构性的特征。我们首先要承认的是,从逻辑上看,大数据作为诠释文本具有内在的结构——正是因其内在的结构,使得我们对大数据的文本诠释成为可能。比如在日本先进工业技术研究所的坐姿研究与汽车防盗系统这一案例中,人坐着的时候的身形、姿势和重量分布量化和数据化之后形成的海量数据,其内蕴的结构就是人坐着的时候的身形、姿势和重量分布之间的关系:不同的身形、差异化的坐姿,其重量分布也就迥然不同。由此,才能得到量化和数据化后千差万别的海量数据。但是,大数据作为诠释文本的这样一种结构又具有非结构性特征,笔者认为,这种结构化的诠释文本数据的非结构性特征就表现在:我们可以对其进行不同领域、不同用途的功能性、意义性诠释——既可以将这些数据文本与人的身份识别相关联,又可以将这些海量数据与安全驾驶相关联,还可以将这些数据文本与汽车防盗相关联。这样,海量的总体数据作为诠释文本,其特定的数据结构却对应着不同的意义或功能。换句话说，海量的数据诠释文本与意义或功能之间并非是一一对应的线性相关关系，这就是作为诠释文本的大数据非结构化的结构性特征。

数据交换 BIM 在项目全寿命周期信息的传递。必须制定一个开放可扩展的 BIM 标准，需要建立一个全行业的标准化与和信息交换标准，从而对项目各阶段各工程质量管理信息共享和业务协作提供有效的保证。

三、对数据文本的技术诠释

大数据作为文本与一般的文字文本不同：文字文本的意义在字里行间，而大数据文本的意义隐藏在数据给定的诸事实及其关系之中；文字文本容量较小，大数据文本的容量巨大；文字文本有着很强的文本结构，大数据文本则具有非结构化的结构性特征。大数据文本与文字文本的这种差异性特征使得我们对其的诠释也就必然会采取不同的工具、手段、方式和方法。通常，对于文字文本，我们可以展开个人的语词诠释，也可以运用计算机软件进行文本诠释分析。但是对于大数据文本，我们却只能运用计算机软件开展专门的诠释分析，以彰显大数据文本的意义，实现对于大数据文本的理解和应用。我们将把传统的统计数据分析与大数据诠释进行一番比较，并在这种比较分析中，弄清楚大数据作为诠释文本是如何被大数据技术诠释其意义的。

首先，让我们来考察一下传统的统计数据分析是如何进行的。

传统统计数据的获得总是针对特定的目的或目标而进行的。如前文所述，我们要对人口新常态背景下农村家政女工的生存和发展状况进行分析和研究，为了获得数据作为论据以支撑论文的论述和论证，只需要选取几个具有典型性代表的区域开展问卷调查，就可以获得样本数据。如选取北京、广州、武汉、西安等几个城市的农村家政女工为样本，通过对这几个地区的农村家政女工的生存和发展状况的分析和研究，将分析结果和研究结论一般性地拓展和延伸，就可以推及我国在人口新常态背景下全国农村家政女工生存和发展的普遍状况。需要知道年龄与农村家政女工的生存和发展状况之间存在什么样的关系，需要知道婚育状况与农村家政女工的生存和发展状况之间存在什么样的关系，需要知道受教育水平与农村家政女工的生存和发展状况之间存在什么样的关系，我们就对她们的相应指标进行调查，然后对统计数据进行相应的分析。

对传统统计数据的分析方法种类繁多但也相对简单，如描述性统计、回归分析、方差分析和假设检验等方法。其中，描述性统计是一类统计方法的汇总，揭示了数据分布特性。回归分析是应用极其广泛的数据分析方法之一，它基于观测数据建立变量间适当的依赖关系，以分析数据内在规律。方差分析也是传统统计数据常用的重要分析工具，主要应用于相互独立的随机样本、各样本来自正态分布总体和各总体方差相等的情况。假设检验也是一种重要的统计数据分析方法。运用上述统计数据分析方法，对目标函项进行分析、解释和说明，因此，传统统计数据分析不是彰显意义，而是理解、解释和说明意义。

对于大数据文本的诠释则与传统统计数据的分析根本不同。大数据文本是作为总体的海量数据，其获得一般是通过智能终端设备的数据采集来完成的。智能终端设备既不是在特定的时间范围内也不是在特定的空间场所对特定的人群进行数据采集，而是在全时空境遇中对所有正在智能终端设备上进行同一模式操作的客户端上的数据进行采集，或者是在全时空境遇中对在智能终端设备进行操作的客户端上的所有数据进行采集，或者是在全时空境遇下对所有的智能终端设备开展数据收集。通过这样的方式从智能终端设备上获得的数据容量巨大，用传统的硬件工具无法存储，用传统的软件工具也无法处理。因从智能终端设备上获得的海量数据容量巨大，又具有多样性和多变化性特点，因此数据总体呈现出混杂性的基本特征，并且就海量数据本身而言，由于其价值密度低，数据之间很难建立起结构性联结，因此大数据才会被人称之为非结构化的数据。非结构化的海量数据就其自身而言只是给定的诸事实及其关系，给定的诸事实及其关系要获得理解和意义，只有作为文本得到诠释才能实现。

对大数据文本进行诠释，实际上就是开展数据挖掘以获得大数据知识发现，从而呈现大数据文本的意义、理解和精神。在数据挖掘分析领域中，最常用的数据分析方法有描述型分析、诊断型分析、预测型分析和指令型分析四种，通过对大数据的描述性分析、诊断性分析、预测性分析和指令性分析，大数据文本诠释完成一个完整的诠释逻辑路径，大数据文本得到理解，意义得到呈现，大数据也得到现实有效的运用。

描述型分析是大数据诠释中最常见的分析方法，它通常告诉我们的是数据给定的事实究竟发生了什么。比如在金融业务中，这种数据诠释方法向数据分析师提供了重要指标和业务的衡量方法。例如，每月的营收和损失账单。数据分析师可以通过这些账单，获取大量的客户数据。比如通过海量数据文本的挖掘诠释以了解客户的地理信息。

描述型数据分析告诉我们数据给定的事实发生了什么，接下来我们就要问：为什么会发生？这就是诊断型数据分析这样一种大数据文本诠释将要做的事情。为什么会发生——这是大数据文本的价值诠释。通过评估描述型数据，诊断分析工具能够让数据分析师深入地分析数据，钻取到数据的核心，呈现出大数据文本的数据价值。例如，设计良好的 BI dashboard 就能够在对数据进行描述性分析后对大数据文本进行有效整合，具有按照时间序列进行数据读入、特征过滤和钻取数据等功能，以便更好地分析数据。

当大数据文本诠释钻取到数据的核心后可能会发生什么？预测型分析将通过对海量数据的复杂度分析显现大数据文本诠释的现实意义，这就是进行趋势预测——预测型分析主要用于进行预测，以告诉我们可能发生什么。事件未来发生的可能性、预测一个可量化的值，或者是预估事情发生的时间点或空间场，这些都可以通过预测模型来完成。预测模型通常会使用各种可变数据来实现预测。数据成员的多样化与预测结果密切相关。在充满不确定性的环境下，预测能够帮助做出更好的决定。预测模型也是很多领域正在使用的重要方法。预测型分析的典型案例就是 Google 流感趋势 (GFT) 预测分析。

在完成了可能发生什么的大数据文本诠释之后，在问题的逻辑序列中我们接下来就是要知道需要做什么了。大数据文本诠释的指令型分析所要做的就是告诉我们在发生了什么之后需要做什么。指令模型基于对"发生了什么"、"为什么会发生"和"可能发生什么"的分析，来帮助用户决定应该采取什么措施。通常情况下，指令型分析不是单独使用的方法，而是前面的所有方法都完成之后，最后需要完成的分析方法。例如，交通出行路线规划分析考察了每条路线的距离、每条线路的行驶速度以及目前的交通管制等方面因素，因此来帮助选择最好的回家路线。

沿着"描述型分析 - 诊断型分析 - 预测型分析 - 指令型分析"这样一条完整的大数据文本诠释径路，大数据文本就在诠释中获得理解和意义，并在工业、商业、教育、管理、政务等各个方面得到广泛而又现实的运用。

四、对数据文本的关系诠释

大数据作为文本需要我们对其进行诠释以达成理解和获得意义，那么在大数据文本的诠释中，我们诠释的究竟是什么？数据本身是作为大数据技术的质料而存在的，对大数据技术的数据文本进行诠释，不是为了获得或理解数据，而是为了理解数据给定的诸事实及其相互之间的相关关系，因此，大数据技术的数据文本诠释真实诠释的是数据给定的诸事实及其相互之间的相关关系。

从大数据技术的"是之所是"来看，关系作为大数据技术的本体，必然是在大数据技术的数据文本诠释中被绽放出来的。

　　大数据由于其具有总体性、多样性、多变化性和价值密度低等特征,因此就其自身而言,从整体上看并不存在着一种稳定的结构,就数据本身而言,其内部是一种非结构化的关系,即数据与数据之间并不存在着某种线性相关关系。如两个不同的用户在 Google 搜索引擎上的网页浏览所留下的历史足迹形成的两组数据,就这两组不同的数据而言,它们并不存在某种特定的相关关系,两组数据记录的仅仅是两个不同的用户在不同的时空场内搜索了相同或不同的内容,浏览了相同的或不同的网页。这就是数据本身呈现的内容,即数据给定的事实。如果有海量用户通过 Google 搜索引擎以某一关键词进行搜索,并由此留下浏览足迹而形成海量数据,那么这些海量数据就其自身而言也不过就是记录了海量用户在 Google 搜索引擎上的搜索记录而已,即给出海量用户在 Google 搜索引擎上以某一关键词进行搜索这一事实。这些海量数据相互之间并没有形成某种稳定的内在结构,并且由于数据容量的高速扩展,数据的多样性与多变化性不断地消融着海量的数据,数据的价值密度在这种数据消融中不断降低,从而使得海量数据仅仅与每一条数据自身给定的事实相联系。

　　一旦海量数据进入到大数据技术的运用环节,即大数据技术诠释展开之后,非结构化的海量数据就会朝着结构化的方向汇聚,当数据挖掘的知识发现得到实质性的进展之后,海量数据给定的诸事实间的相互关系也就绽露出来了。因此,大数据技术诠释就其实质而言诠释的就是海量数据给定的诸事实间的相关关系。那么,海量数据给定的诸事实之间的相关关系是如何被大数据技术诠释呈现出来的?

　　我们以 Google 流感趋势 (GFT) 预测为例,来阐明海量数据给定的诸事实之间的相关关系究竟是如何在大数据技术的诠释中一步一步被呈现和绽露出来的。在一定的时期和一定的区域范围内,有大量的用户以"哪些是治疗咳嗽和发热的药物"为关键词运用 Google 搜索引擎进行网页搜索,留下的浏览足迹便形成了海量数据被智能终端设备收集和存储。随着在一定的时期和一定的区域范围内以"哪些是治疗咳嗽和发热的药物"为关键词在 Google 搜索引擎上展开网页搜索形成的数据的海量递增,我们就会对这些海量数据给定的事实形成这样一个疑问:究竟发生了什么?于是,大数据技术诠释的第一步——描述型分析就展开了。

　　在描述型分析中,大数据技术诠释只是发现了这样一类数据集(实际上是发现了数据报道的给定的这样一组事实):即在某一时期和某一区域范围内有大量的用户通过 Google 搜索引擎以"哪些是治疗咳嗽和发热的药物"为关键词搜索和浏览了网页。数据集中的每一条数据本身并不重要,数据之间也不存在某种结构性关系,描述型分析仅仅是在大数据技术诠释中发现了海量数据给定的一组搜索事实。只有在将这一数据集报道的事实指向大数据文本之外或之后时，与海量数据给定的诸事实相关但却并不在数据文本自身之中的外在的其他事实之间的关系就被大数据技术诠释显明了出来，这一被大数据技术诠释显明的大数据文本之外的事实就是：用户患上了流感，于是想要了解哪些是可以治疗咳嗽和发热的药物，以便自己到药房去购买能够治疗流感的药物。于是，大数据技术诠释便由描述型分析进入诊断型分析——"为什么会发生"，这就是对海量数据给定的诸事实做出的第一次蕴含着意义的目标指向的理解和诠释。在大数据技术这个第一次的意义性诠释中，关系被带入在场，也就是说，大数据技术诠释不可避免地要将海量数据给定的诸事实与这诸事实背后客观存在着的相关关系显像出来。海量数据给出的是一定时期和区域范围内大量用户通过 Google 搜索引擎以"哪些是治疗咳嗽和发热的药物"为关键词搜索和浏览了网页的事实，通过大数据技术诠释，诊断型分析显现出了用户患上了流感这一数据文本之外的事实。于是，用户通过 Google 搜索引擎以"哪些是治疗咳嗽和发热的药物"为关键词搜索和浏览了网页与用户患上了流感这两类事实之间的相关关系就建立起来了。我们可以将大数据技术诠释显现的关系用一个简单的公式表示如下：

作为诠释文本的大数据，其非结构化的结构性特征显示了大数据文本的不确定性和开放性，这种不确定性和开放性使得我们对于数据文本的大数据技术诠释成为可能。

F(y)：表示"用户患了流感"

R(x，y)：表示大数据技术诠释显现的意义性相关关系

那么：$R(x, y) = G(x) \propto F(y)(1)$

需要指出的是，大数据技术诠释显现的关系是一个概率判断。如果以这个概率性相关关系为基础进一步开展大数据技术诠释，我们就将进入到概率性预测，即大数据技术诠释的预测型分析。

诊断型分析已经告诉了我们为什么会发生，即 R(x，y) 已经诠释了在一定时期和一定区域大量用户通过 Google 搜索引擎以"哪些是治疗咳嗽和发热的药物"为关键词搜索和浏览了网页的海量事实，大数据技术诠释接下来就要问：可能会发生什么？

有道是"一枝独秀不是春，百花齐放春满园"，个别用户在 Google 搜索引擎上搜索"哪些是治疗咳嗽和发热的药物"或许并不会有意义性的诠释呈现，但是当某个时期在某一区域范围内有海量的用户都在 Google 搜索引擎上以"哪些是治疗咳嗽和

发热的药物"为关键词进行搜索时就不禁会让人做出如下猜测：这一地区是不是流感爆发？大数据技术诠释的预测型分析就是基于诊断型分析进而对描述型分析中海量数据给出的诸事实做出这样一种可能的概率性关系预测。如果用 P(z) 表示基于诊断型分析对描述型分析中海量数据给出的诸事实的预测型分析，R(x，y，z) 表示完成了描述型分析、诊断型分析和预测型分析的大数据技术诠释显现的关系，那么：

R(x，y，z)=R(x，y) $\propto$ P(z)，或者 R(x，y，z)=(G(x) $\propto$ F(y)) $\propto$ P(z)(2)

2 式表明，通过大数据技术诠释，用户在 Google 搜索引擎上搜索"哪些是治疗咳嗽和发热的药物"、用户患上了流感、某一地区流感爆发这三者之间具有一种诠释性的内在相关关系。

通过描述型分析、诊断型分析、预测型分析，大数据技术诠释终于实现了对于海量数据文本的理解，并明确了大数据文本的意义。对于海量数据文本的大数据技术诠释就其目标而言当然是为了实现大数据的技术应用，因此，大数据技术诠释自然而然地来到了它的最后一步：指令型分析。

严格说来，指令型分析是基于数据文本诠释的决策分析，如在进行大数据技术诠释之后获知某个地区流感爆发的概率，相关职能部门及时采取增加医疗资源投入或实施隔离措施等举措。指令型分析的未来决策性质使得大数据技术诠释获得了一种未来指向性，从而也就满足了诠释的文本理解、意义精神和解释应用等基本要素。

第五节　大数据产业协同创新动因

自 2015 年国家出台《促进大数据发展行动纲要》至今，我国涉及大数据发展的国家政策已多达 63 项，参与发布政策的部门包括国务院、发改委、环保部、交通运输部和工信部等。2014 年以来，大数据已连续六年被写进政府工作报告，更在"十三五"规划纲要中被提升为国家战略。习近平总书记在党的十九大报告中明确指出，要推动互联网、大数据、人工智能和实体经济深度融合。这不仅为破局"数据孤岛"提供了思路，也为大数据产业的发展指明了方向。2016 年，由国家信息中心、中国科学院计算技术研究所、浙江大学软件学院、清华大学公共管理学院、财经网等 60 余家单位共同发起成立了"中国大数据产业应用协同创新联盟"；2017 年，教育部规划建设发展中心、曙光信息产业股份有限公司和国内数十所高校共同发布了大数据行业应用协同创新规划方案。由此可见，政府、科研院所、高校及企业均高度重视大数据产业的发展。

一、国内外研究现状

早在 1980 年,美国著名学者阿尔文·托夫勒就在《第三次浪潮》一书中提出大数据的概念,随后,关于大数据的研究热潮开始席卷全球。Suthaharan 讨论了利用几何学习技术与现代大数据网络技术处理大数据分类的问题和挑战,并重点讨论了监督学习技术、表示学习技术与机器终身学习相结合的问题。Gandomi 等结合从业者和学者的定义,对大数据进行了综合描述,并强调需要开发适当、高效的分析方法,对大量非结构化文本、音频和视频格式的异构数据进行分析与利用。韩国学者 Kwon 等在相关研究中提到了大数据产业并构建了大数据产业发展的政策体系。

国内对大数据的研究虽然起步较晚,但与经济发展的联系更为紧密。邸晓燕等基于产业创新链视角,围绕产业链、技术链与价值链,对大数据产业技术创新力进行了分析,并通过比较案例分析法发现,在大数据产业链方面,我国与发达国家相比存在较大差距,提出从技术创新链、市场机制和评价体系三方面来提升我国大数据产业创新力。周曙东通过编制大数据产业投入产出表,并利用 2017 年全国投入产出调查数据,估测了大数据产业对经济的贡献度,为制定大数据产业发展战略提供了重要参考。刘倩分析了大数据产业的政策演进及区域科技创新的相关要素,从驱动、集聚等角度分析了大数据产业促进科技创新的作用机制,并实证分析了大数据产业推动区域科技创新的路径。沈俊鑫等利用贵州省大数据产业发展数据,分别运用 BP 神经网络模型和熵权——BP 评价模型对其发展能力进行评价,研究结果表明,后者的评价更为精确。周瑛等从宏观、中观和微观三个方面对影响大数据产业发展的因素进行理论分析,并运用德尔菲法和层次分析法实证分析影响大数据产业发展的主要因素,结果表明,影响大数据产业发展的因素由大到小依次为宏观因素、中观因素和微观因素。胡振亚等指出,大数据是创新的前沿,并从知识、决策、主体和管理四个方面阐释了大数据对创新机制的改变。王永国从顶层设计、人才队伍等角度分析了大数据产业协同创新如何推动军民融合深度发展。吴英慧对美国大数据产业协同创新的主要措施和特点进行深入剖析,以期为我国大数据战略的实施提供决策参考。

综上所述,国内外学者对大数据及大数据产业的研究已经取得了较为丰硕的成果,但学界对"大数据产业"尚未形成统一的界定,且鲜有文献对大数据产业协同创新发展进行深入系统的研究。因此,本节结合我国大数据产业发展的实际情况,探讨大数据产业协同创新的动因,并提出大数据产业协同创新推进策略,以期为我国大数据产业的发展提供参考。

二、大数据产业协同创新及其动因分析

（一）大数据产业协同创新

1.大数据产业协同创新的概念

大数据产业协同创新是指政府部门、科研院所、高等院校、企业等多主体共同参与，以互联网、物联网、大数据应用为导向，充分发挥各单位资源优势，因势利导，最终通过挖掘大数据价值来促使大数据产业成为经济增长的重要支撑。大数据产业协同创新响应了国家"大众创业、万众创新"的号召，多元利益主体在良好的政策环境下共同提升大数据产业的整体理论研究和应用水平，进而形成健康的大数据产业发展生态。

在"互联网＋"背景下，大数据产业的协同发展模式呈现多样化，主要体现在战略协同、产业协同和技术协同三个方面。战略协同主要是根据大数据产业的特殊性，在"中国制造2025"战略背景下，通过工业化和信息化的融合发展有效促进大数据产业协同创新发展。两化的融合发展激发了制造业的创新活力，促进了大数据产业与制造业的协同创新。大数据产业的发展将促进制造业向高端化迈进，制造业又将反过来促进大数据产业的持续创新发展。产业协同主要是指在两化融合的基础上，抓住智能制造发展的契机，以工业大数据的深度分析为智能制造提供技术支持。工业互联网驱动工业智能化，大数据产业中的云服务、物联网等将推动智能制造业的创新发展。技术协同主要是指人工智能技术与大数据技术的相互渗透，通过利用已有人工智能技术来促进大数据产业的创新发展以及实现产品的智能化。从发展的角度来看，大数据产业协同创新生态体系的发展是不断升级的，创新模式也由线性向生态化发展。

2.大数据产业协同创新运行机制

大数据产业协同创新的核心运行机制是资源共享机制。大数据产业利用协同创新平台整合相关的知识、技术、人才等资源，从而产生集聚效应，促进创新活动的开展。通过产业链上游与下游的连接，高端化的创新资源可以得到充分共享与利用。通过大数据产业协同创新，将不同参与者的运营情况信息进行整合、分析与处理，并将处理后的信息反馈给各参与主体，有助于为各参与者的进一步发展提供决策参考。通过完善价值链，实现参与主体的价值升级，并借助互联网平台实现人与信息的交互，有助于持续推动大数据产业的协同创新发展。

（二）大数据产业协同创新动因分析

大数据产业协同创新特征。大数据产业主要以互联网为载体，产业链的上下游贯穿着消费主体对数据的利用，因此，大数据产业协同创新的特征表现为协同领域广和协同模式多样化。协同领域广主要体现在以下几个方面：在产业领域，大数据产业协同创新有助于降低各产业的成本，促进价值增值，促进科学决策；在教育领域，大数据产业协同创新实现了教育决策的科学化和民主化；在军民融合领域，大数据产业协同创新推动了军民融合产业的深度发展；在城市治理领域，人们利用大数据技术采取数据规训的方式成功实现了城市的秩序规训。协同模式多样化主要体现在三个方面。第一，战略目标协同。大数据产业协同创新必然将多个产业的发展战略目标进行有效整合，在双方达成共识后，相互合作，利益共享。第二，产业梯度与差异化协同。大数据产业在协同创新发展过程中的梯度化和差异化能够有效促进大数据产业协同创新的高质量发展。第三，法治保障协同。大数据产业的特点在于数据的无形性，因此，对知识产权的保护尤为重要，其有利于促进各主体的良性竞争。

大数据时代，我国传统的经济发展模式已不能驱动经济向更高质量发展，国民经济转型升级迫在眉睫。在此背景下，大数据产业协同创新与新旧动能转换、产业转型升级等要求高度契合，是去产能、去库存的重要技术手段，也是促进经济增长的新动力。信息技术的发展催生了包括大数据在内的人工智能、云计算等高新技术，持续更新升级的信息技术将为这些前沿技术的融合编织稳固的纽带。在此基础上，这些前沿技术的协同创新将具有实现超级规模数据库的建立、超快速的数据分析、超高精度的数据处理等强大性能。将这些技术应用到国民经济的各个领域中，有助于推动这些领域的创新，从而为国民经济的发展注入新动力。

大数据产业协同创新是提升政府治理能力的新途径。大数据产业协同创新将从加强政府公共服务职能、提高政府政务服务能力、完善政府信息公开制度、加强政务监管四个方面提升政府治理能力。

首先，大数据产业协同创新有助于加强政府的公共服务职能，推进服务型政府的建立。交通、基础设施等领域是民众使用高频、需求迫切的公共服务领域。在大数据产业协同创新过程中，政府有关部门可以利用大数据技术挖掘国民对公共服务的精细化需求，为政府高效履行职能提供决策依据。

其次，大数据产业协同创新有助于提高政府的政务服务能力，推进智慧型政府的建立。大数据技术是一种新兴前沿技术，政府有关部门已开始利用大数据技术将数据的规模计算、分析、处理应用于日常管理工作。大数据技术的利用有助于政府梳理海量数据,挖掘数据价值;有助于政府开通电子政务平台,实施电子政务操作,从而推动形成政府治理现代化体系。

再次,大数据产业协同创新有助于完善政府信息公开制度,推动开放型政府的建立。应利用大数据技术对政府工作领域内的微型数据、小型数据、大型数据进行综合分析、处理,从中挖掘出与城乡居民联系密切的有价值的数据,并在政务信息中公开,以促进政府数据的开放共享。

最后,大数据产业协同创新有助于加强政务监管,推进阳光型政府的建立。大数据产业协同创新将能够有效汇集政府工作各个环节的数据,通过大数据技术的分析功能,识别并锁定权力运行的合理范围,对权力进行有效监督,促使权力在阳光下运行。

大数据产业协同创新是实施创新驱动发展战略的现实需求。大数据产业协同创新将渗透到各个行业,带动各个行业的创新,进而驱动整个国民经济的发展。随着大数据在工业、金融业、健康医疗业等产业的应用不断深化,产业的发展方式将逐渐转变,产业发展也将不断获得新的动力。在工业方面,2018年6月工信部印发《工业互联网发展行动计划(2018—2020年)》,明确提出推动百万工业企业上云,而此计划只有通过工业与大数据产业协同创新才能实现。这种新型的工业发展方式是工业转型发展的有益实践,将有助于提升国民经济现代化的速度、规模和水平。在金融业方面,由大数据处理带来的量化交易等智能投顾方式将为金融业开辟新的蓝海市场。这种智能投顾方式不仅能弥补传统金融交易的某些不足,还能减少交易成本。在健康医疗产业方面,大数据产业的协同创新将有助于推动"互联网+健康医疗"数据库的建立,满足患者个性化的需求,开启多元医疗应用市场,发挥健康医疗等新兴产业拉动经济增长的引擎作用。此外,大数据产业协同创新也将减少市场中交易主体信息不对称问题。无论在哪种市场,都可以依据某一现实应用需求采集数据并建立相应的数据库,大数据技术将帮助企业、个人从海量的数据库中挖掘出所需信息,帮助企业、个人进行交易决策,减少信息不对称问题的发生。

三、大数据产业协同创新推进策略

近年来,我国大数据产业协同创新获得了快速发展,但也存在一些问题。首先,虽然协同创新的规模大,但质量较低。低端的大数据产业协同创新难以形成规模效应,开发成本较高。其次,虽然大数据产业协同创新模式多样,但缺乏有效模式的创新。很多大数据产业协同创新模式不可复制、不可推广。最后,大数据产业与传统产业之间难以实现有效融合。产业结构的不合理给大数据产业协同创新带来了严重阻碍。基于以上问题,本节提出以下对策建议。

（一）构建大数据产业协同创新生态体系

随着经济的快速发展和科学技术的不断更迭,大数据产业在我国迅速发展。信息通信技术的快速发展为大数据产业的发展提供了技术支持,国家大数据战略和各级政府相关政策部署加快了大数据产业的发展进程。在诸多利好因素的影响下,我国大数据产业蓬勃发展,市场潜力逐步显现。从区域发展来看,我国大数据产业区域发展差异较为明显,东部发展迅速,西部次之,中部再次之,东北部排在最后,但各地区大数据产业规模都呈增长之势。我国具有代表性的大数据产业集聚区主要有京津冀地区、珠三角地区、长三角地区和大西南地区。其中,大数据产业最集聚的地区是京津冀地区,其辐射范围也在逐渐扩大;利用信息产业和计算中心的优势,珠三角地区开始不断加强大数据产业的集聚发展;长三角地区则积极推动大数据应用于公共服务领域;大西南地区利用政策优势,积极培育、引入大数据产业以带动区域经济发展。我国大数据产业市场规模在 2018 年达到 437.8 亿元,是 2012 年市场规模的近 13 倍,预计到 2020 年我国大数据市场产值将突破 10 000 亿元,成为我国新的经济增长点。

（二）积极探索大数据产业协同创新模式

既具特色又可以复制推广的大数据产业协同创新模式可以为大数据产业的可持续发展提供动力。大数据产业作为新兴战略产业,其发展打破了传统产业发展的模式,并通过注入"互联网 +"的活力,与其他产业协同发展,构建出以企业为核心的大数据产业协同创新模式。有关部门应借助互联网中的云服务,引导其他产业与大数据产业协同发展,运用互联网技术优化整合两者之间的组织关系和发展关系。要结合市场化、信息化原则,推动大数据产业链向高端发展,使产业协同发展的效率不断提高。通过成立区域"协同创新战略联盟",建立合作团队,共同规划本区域大数据产业协同创新发展模式。以战略联盟为纽带,形成分支智库,从技术、管理、运营等多方面探讨协同创新模式的构建,并通过不断尝试,形成较为成熟的协同创新模式。

（三）推动大数据产业科技资源信息共建共享

从现有情况来看,科技资源共享主要存在有偿共享和不共享两种情况,只有一小部分是无偿的和共享的,但共享方式比较单一。虽然有关部门搭建了很多网络平台,但其仅仅是提供某些资源的信息简介,并不展现具体的资源内容。因此,有必要搭建大数据产业协同创新发展科技资源信息共享平台,将不同部门收集到的信息资源进行共享。政府各部门应对资源进行有效协调，保证信息沟通顺畅，解决好多种来源信息的管理问题；定期对资源保存单位开展监督和评价工作，实现为科技资源信息的共享保驾护航；处理好政府与科研单位之间的信息管理关系，因为很多科技资源信息都是由科研单位提供的，政府要求资源信息共享，难免会受科研单位的限制，因此，政府应设立专门的岗位，安排专人从事资源的共享共建工作；参与共享共建的单位应积极履行共享协议，对共享资源的利用情况及时给予反馈。

（四）促进大数据产业结构不断优化升级

大数据产业结构的优化升级主要涉及大数据对于政府、企业和个人的应用价值的提升。首先要挖掘大数据在企业商业方面的价值，这是实现企业资源优化配置的关键所在。企业是大数据产业协同创新的重要载体，因此，要利用大数据技术深度挖掘企业在发展大数据产业方面的客观条件，择优选择出优质企业来推动大数据产业的协同创新发展。大数据产业在积极挖掘商业价值的同时，也要兼顾政府和个人方面的价值，使整体发挥出的经济效益最大化。大数据分析结果可以为政府决策提供参考，有助于改善民生。政府不仅是大数据的主要支配者，也是大数据产业协同创新发展的主要评价者。在工业化和信息化深入融合的背景下，大数据在促进企业特别是工业企业信息化水平的提升方面能够起到至关重要的作用，而工业企业信息化水平的提升还能促进相关产业链的延伸并推动产业链向高端发展。为保证大数据产业协同创新的顺利进行，政府必须做好统筹规划、协调、组织等工作。为保证市场在资源配置中起决定性作用，也要充分发挥市场的作用。此外，在"互联网+"和智能制造背景下，需要重视"未来型"大数据的建设。所谓"未来型"大数据建设，就是在网民不断增加的背景下，大数据在未来可以持续产生，不断积累，并被运用到社会生活的各个领域，进而为大数据产业协同创新发展打下坚实的基础。

第二章 互联网企业财务风险概述

第一节　互联网企业财务风险问题

在"互联网＋"时代,互联网企业发展迅速。如何建立财务管理体系,避免企业财务风险是互联网企业需要重视的问题。本节根据互联网企业特点,分析互联网企业在筹资、投资、现金流模式以及盈利模式等方面可能面临的财务风险,提出加强风险防范意识、保持企业资金相对稳定、加强企业内部控制、建立风险预警机制等措施加以防范。

一、互联网企业特点

第一,高效率的经济模式。互联网企业通过建立基于互联网的通信、交易平台,使得传统商业业务流程减少,降低交易成本。第二,专业化技术密集型产业。互联网企业是技术专业化、知识密集型产业,经营发展主要依靠知识资本。互联网经济以知识和信息为载体,以虚拟形式发展,表现为不断创新。第三,产品迭代快,盈利模式不断变化。互联网企业成长规律不同于传统企业,达到一定规模后会呈现爆发式增长,但企业生命周期也普遍较短。企业需要不断调整盈利模式来适应大环境的改变。第四,信息高度对称,数据驱动型产业。互联网企业主要从事"信息经济",借助网络开展业务、进行交流,信息的流转速度较快,公开透明度较高。数据已经成为驱动企业运营的关键要素,并将成为企业的战略资产。

二、互联网企业财务风险分析

（一）筹资方式带来的财务风险

1.控制权之争风险

互联网企业成立之初,企业前景不确定,企业可能拥有简单的技术专利,对于预期收益难以预测。互联网企业会通过吸收投资的方式来进行企业筹资,在互联网企业成长的过程中,资产负债率比较低,但在企业处于成熟期时,一些问题就会展现出来。比如阿里巴巴成立之初，雅虎以 10 亿美金、雅虎在中国的业务来换取阿里巴巴 40% 股权以及 35% 投票权，阿里最终花费 76 亿美元收购回 21% 的股份，才将这场控制权之争平息。企业为平息因筹资导致的控制权之争时会面临一定的财务风险，因此企业在筹资过程中一定要结合企业自身特点选择合理的筹资方式。

2. 无力偿还负债风险

当企业取得一定的市场竞争力后，由于急于进行多元化发展，资产负债率相对来说加大，有可能面临资金短缺的风险，无法偿还企业负债。企业在发展过程中应该权衡利弊，目光长远，从企业自身特点出发，建立合适的成长计划，避免因企业筹资而带来的财务风险。

（二）投资模式带来的财务风险

1. 投资方向错误风险

互联网企业的产品更新速度非常快，这就要求企业要通过不断创新来巩固自己在市场中的地位，以防被淘汰。2014 年，百度公司投资百度外卖，在百度外卖成立之初，外卖业务主攻白领领域，原因是白领领域消费能力更强，相比于学生有更大的盈利空间。但 15 年底，外卖行业接连出现巨额融资。为了提高盈利，吸引潜在投资，百度外卖在全国范围内调整了发展战略，此后百度外卖逐渐流失了它的用户。最终在 2017 年 8 月 24 日，饿了么正式宣布收购百度外卖。百度集团由于没有做好前期市场调查，为了扩充企业市场盲目进行多元化发展，使得企业投资方向发生错误，最终以失败告终。互联网企业应寻找合适的投资方向，避免因多元化发展而进行的盲目投资，了解企业定位，拥有较好的投资眼光，寻找好的投资方向，避免企业面临因投资方向错误所导致的财务风险。

2. 缺少预算导致资金短缺风险

在投资时企业应做好足够的准备，投资前期可谓是"烧钱"，滴滴打车与快的打车投入大量资金来抢占市场份额便是一个例子。滴滴与快的合并便成功抢占了大部分的市场，可有些互联网企业在没有做好预算的前提下盲目"烧钱"，无法取得较好收益，使得企业资金周转不够流畅，面临因投资而导致的财务风险。公司人员需要提前了解市场，做好充分的市场预算，找准企业投资方向，最大限度的减少财务风险。

（三）现金流模式带来的财务风险

1. 企业盲目扩张风险

互联网企业与传统企业不同，传统企业的销售方式是经过一层一层的经销商，对于商品最后的销售价格会远远高于出厂价，大部分的费用会让消费者承担。而互联网企业是直接由企业销售给广大人民群众，不需要其他的经销商，现金流量较大，对现金流管理模式要求更高。同时互联网企业的现金流与传统企业相比来说较难预测，在一些投资活动需要大量资金投入的情况下，企业很可能陷入资金周转不灵的状态。

2. 现金流断裂风险

乐视网一心追求的超级电动车被称为压死骆驼的最后一根稻草，贾跃亭一心要将新能源汽车与"互联网＋"结合起来，打造属于乐视的最大生态系统，在2014年提出"SEE"计划之后，贾跃亭将乐视重心移向新能源汽车，大举收购了电动车的团队、技术。乐视网在建造新生态能源汽车的技术不成熟时，就将企业大量资金投注、将企业经营重心转移、以至于企业最后无法进行新一轮融资来保证生产经营。我们可以看到乐视企业现金流断裂，净利润开始呈现负值，乐视帝国出现了严重的资金断链情况。

互联网企业为进行多元化发展进行一些不必要的投资、为抢占市场份额进行盲目竞争，使得互联网企业资金周转不灵，这方面互联网企业可以向传统企业借鉴，在保持稳定收入与资金链的同时，适当的采取政策来进行投资或竞争。

（四）盈利模式带来的财务风险

1. 转变盈利模式导致客户流失风险

互联网企业的盈利模式可以笼统的分为收费与免费两种。免费是吸引消费者眼球的好方法，企业通过免费的方式可以首先积累大量消费者，建立稳定的客源，打开知名度。但这种企业的风险在于企业前期靠广告等收入维持企业日常，在稳定了客源、消费者形成习惯之后便由免费转为收费，有很多消费者难以接受。

"羊毛出在猪身上狗买单"在互联网盈利模式中被广泛应用。这是一种创新型的思维模式，在应用中取得了较好的收益。随着互联网的普及以及使用人数的增长，短时间内爆发的互联网使用人数使得大量的"羊毛出在猪身上狗买单"的创业项目诞生，这些项目按照这种盈利模式都取得了巨大的成功。例如，我们在观看视频时，我们付出的是时间成本，我们观看视频是免费的，但视频网站赚取的是广告商的钱。对于收费的互联网企业，消费者在付钱之后会注重体验满意度，如果消费者没有体验到物有所值，互联网企业客户将会流失。

2. 转变盈利模式导致企业方向模糊风险

在众多的互联网企业中，阿里巴巴的盈利模式是一种动态的盈利模式，是一种难以模仿的盈利模式。近期,阿里将其线下生活服务平台"口碑"从蚂蚁金服转至阿里巴巴集团,成为阿里新零售架构上的一环,使其成为阿里独有的经营体系。目前阿里是全球最大的网上及移动商务公司,建立了稳定的客源,取得良好的收益。

三、互联网企业财务风险防范对策

(一)加强互联网企业财务风险防范意识

进行财务风险意识培训。互联网企业发展日新月异,收益与风险共存,在拥有巨大收益的同时也承担着巨大的财务风险。很多互联网企业在急于发展的同时忽略了财务风险的存在,因此,企业要建立财务风险防范意识,同时提高财务管理部门应聘标准,对于企业的人员要加强财务风险意识的培训。

明确各部门职责。对于企业之间的各个部门,首先要明确分工,确定各个部门在财务管理工作中所扮演的角色。其次需要部门之间协调合作,考虑全局,从自身出发为企业防范财务管理风险尽一分力量,将企业可能面临的财务风险降到最低。

(二)保持企业资金相对稳定

拓宽融资渠道。在互联网企业创业初期,筹资情况相对来说较困难时,企业应扩宽融资渠道,寻找合适的投资机会保证企业内部资金周转灵活,同时也要注意避免因环境等因素带来的企业现金流波动,确定适合企业的最优资本结构。

做好投资预算。对于互联网企业来说,发展一个新的领域投资可能是巨大的,但同时收益也是巨大的,这就要求企业内部在投资前做好充分的准备,分析企业各项财务指标,将项目的风险与收益比重进行全方位的考量。

拒绝盲目投资。盲目投资会使企业陷入恶性循环,要拒绝因盲目扩张,抢占市场份额而进行的无目的投资。将发展与收益相结合,制定合理的利润分配方案,在发展中积累经验,不断创新,整合资源,及时转化盈利模式。

(三)加强企业内部控制

设立审计委员会。企业可以设立专门的审计委员会,使其对于企业的内部控制情况做出有针对性的监督与建议,明确委员会的工作,委员会可结合企业实际情况制定企业内控目标,时刻监督执行情况,随时进行改进,充分发挥委员会的职责。

完善企业内部管理。完善企业内部管理,从企业的技术、人力资源、运营情况等方面来分析企业内部控制情况。企业应在进行新一轮投资时先做好市场调研活动,对于企业的目标制定、执行控制方面加大管理力度,加强企业部门之间的信息沟通,确保企业内部管理制度完善。

（四）建立风险预警机制

建立风险控制机制。对于风险预警机制，主要在于预测与防范这两个部分。企业同时建立风险预警机制，搭建标准化、规范化的业务流程，对于每一项活动可能面临的风险作出预案，明确企业内部各个部门的职责，以防风险真的来临时措手不及。

成立全面预算委员会。企业内部要对未来一段时间内的各种投资、经营活动有一个详细的了解，并做出预算计划。企业内部可以成立全面预算委员会，做好企业预算以及执行工作，管理者还要进行监督、共同参与，以保证企业在面临财务风险时能够平稳度过。

第二节　互联网企业的财务风险成因

移动互联网行业的复杂多样性，决定了企业所面临的风险更大。本节尝试从移动互联网企业角度出发，阐述财务风险定义和类型，重点剖析财务风险成因，从行业政策、技术升级、商业模式、内控水平、资本结构、资金周转、客户信用七个方面对财务风险加以考察，并据此提出相应防范对策，旨在为移动互联网企业规避风险、创造价值提供参考。

移动互联网是 PC 互联网发展的必然产物，是将移动通信和互联网技术融为一体，用户借助手机等无线终端设备，可随时、随地获取 Internet 信息，以及使用各种移动互联网的应用服务。随着移动互联网技术的普及应用，带动数据流量爆炸式增长，延伸到人们社会生活的各个领域，并衍生出 B2B、B2C、C2C、O2O 等各种商业形态。所以，移动互联网被认为是近十年来最具创新活力和最有市场潜力的领域。

相对于传统 PC 互联网而言，移动互联网取决于"以快制胜"，决策响应要快、应用推广要快、产品迭代要快、创新速度要快。然而，在快速发展过程中更容易暴露各种经营问题，这无疑让移动互联网企业所面临的竞争更趋激烈，必须有科学完善的防范体系贯穿于各个业务流程。但针对移动互联网行业的风险研究相对较少，特别是财务健康关系到企业可持续发展，必须得到公司从上至下的高度重视。本节基于此对风险成因及防范对策进行研究，希望为移动互联网企业规避风险、创造价值提供借鉴意义。

一、财务风险定义和类型

（一）何谓财务风险

企业风险包括战略风险、财务风险、市场风险、运营风险、法律风险等各个方面。财务风险是指受无法预期的各种环境因素的影响，导致实际财务状况与预期目标发生偏离，从而让企业承受不必要损失的可能性。通常而言，财务风险有狭义和广义之分。狭义的财务风险强调损失的不确定性，而广义财务风险对企业经营活动具有双面性，既包括损失的潜在威胁，也包括收益的潜在机会。

（二）财务风险类型

当公司业务进入成长期后，随着债务融资逐步增加，财务风险也呈上升趋势。财务风险按企业经营活动来分类，可划分为与投资活动有关的风险、与筹资活动有关的风险和与资金营运有关的风险三类。投资活动风险是指企业投资决策失误的风险，没有经过充分的可行性研究，因盲目扩张投资或丧失发展机遇，导致资金链断裂或使用效率低下。筹资活动风险是指企业筹资决策不当的风险，没有通过科学论证就开展筹资活动，因资本结构不合理或无效融资，导致筹资成本过高或发生债务危机。资金营运风险是指资金活动管控不严导致被侵占、挪用等让企业遭受损失，或者存在长期大量库存、超账期应收款使得周转使用率变差，过度的资金占用导致企业价值降低或陷入财务困境。

二、财务风险成因

当然，财务风险的出现往往伴随着各种危机信号，如内控管理失灵、经营决策不当、创新能力减弱、财务杠杆偏高等。财务风险传导机制是一个循序渐进的过程，我们需要对风险成因建立完整的分析路径，在每个关键点采取适当的控制措施，把各种不利风险遏制在萌芽阶段。就企业外部环境而言，管理层应保持对宏观经济、行业政策的敏锐性，适时调整企业当前及未来战略发展方向。就企业内部管理而言，管理层应保证正常运营的现金流充足，合理优化资产与负债的结构占比。

（一）外部环境因素

外部风险成因包括宏观经济和行业环境两个方面。前者是指对所有行业都有前瞻性影响的不可控因素，如货币政策、外汇波动、通货膨胀等。后者与细分市场的行业特性、发展阶段、竞争策略等紧密相关，在很大程度上决定了企业未来发展方向，如与竞品相比较的核心竞争力、市场占有率、创新研发能力等。如果企业财务决策与外部环境相背离,势必将引发诸多不确定的风险,这对未来发展会造成不利影响。相对而言,移动互联网企业受行业政策动向、技术转型升级、商业模式变迁的影响较大。

1. 行业政策动向

移动互联网属于新兴行业,一方面国家产业扶持政策对整个行业发展具有举足轻重的作用,另一方面可能会有来自现有传统渠道商的打压。以移动互联网通信增值服务为例,目前境外对这项业务的开展没有特别限制,但国内即便对虚拟运营商牌照放权经营,将来也可能面临传统三大运营商的竞争压力。所以,成功的企业应密切关注和正确解读行业政策,通过对政策变化进行及时分析和研究,对风险有客观性和预见性的认识,从而充分掌握政策风险管理的主动权。

2. 技术转型升级

随着5G技术、区块链、物联网正成为新经济的加速器,移动互联网行业正面临转型升级阶段,又将持续撬动着数字经济的新发展。这要求企业准确把握软件技术和应用市场的发展趋势,挖掘市场需求对接新技术的应用场景,持续不断推出新产品和升级产品。否则,企业很可能发生盈利能力下降、存量用户流失的风险,给财务状况和经营成果带来不利影响。所以,成功的企业应保持每年合理的研发投入,保证核心技术的竞争优势,同时加强项目精细化管理,提升研发成果的转化率。

3. 商业模式变迁

移动互联网经过近十多年的发展演变,不断推陈出新出各种商业形态,行业竞争也开始进入白热化的状态。以音乐类App应用软件为例,从最初收费模式转为免费广告,近几年用户消费习惯逐步成熟,应用市场又回归订阅收费模式。所以,成功的企业应主动拥抱变化,洞察行业趋势和拓宽业务渠道,以用户需求为导向设计开发新功能,从产品各个维度去提升用户感知和增强用户黏性。

（二）内部管理因素

内部风险成因是与企业自身内控管理水平、资本组合结构、资金周转效率、客户信用管理方面有关。实际工作中,企业内控管理不严、债务资本过高、投资决策不当、资金效率低下等可能成为风险的"导火线",造成无法按期履行偿债能力,或者达不到预期收益水平。

1. 内控管理水平

为了避免公司治理不规范的风险,一方面,应积极完善各项规章制度及实施细则,确保内控制度有效执行;另一方面,加强对管理层及员工的培训教育,提高风险防范意识。如果企业内控制度不能有效实施，会缺少风险抵御和调节能力。特别对极易造成现金断流的环节，如大额现金支付和应收账款超期，有必要设置监控预警报告制度。另外，很多企业开始尝试多元化经营，在项目投资前不进行科学分析，盲目投资致使其陷入财务困境。

2. 资本组合结构

资本组合结构是反映企业各种资本来源的价值构成和比例关系，通常用"资产负债率"这个指标来衡量。通常，企业为利用财务杠杆效应选择债务融资，以求通过较少资本投入获取较高利润产出。然而，债务资本过高会增加企业财务负担，甚至会造成资不抵债或无法正常经营的情况，这给后续发展带来严重不利影响。当资产负债率合理的前提下，债务成本率小于总资产报酬率，才能真正发挥财务杠杆效应。反之当企业出现资金链问题，不仅偿债能力会下降，而且筹集成本也会增加，由此引发财务恶性循环。所以，企业应根据自身实际的债务承担能力，合理预测经营活动、投资项目的筹资需求，把债务融资风险控制在可承受范围内。作为最佳的资本组合结构，首先应保证在风险最小情况下，所花费的资金成本相对最低。其次，权衡债务与股权两种资本的构成关系。再次，合理安排短期债务与长期债务的占比。

3. 资金周转效率

为了满足正常经营或扩大经营规模，保证充足的现金流是重要的前提。企业应加强资金营运的过程管理，对现金流量进行实时监控，统筹安排提升使用效率。根据年度经营的资金需求方案，严格规范资金审批流程，实现合理占用和良性循环，避免因资金规划不合理导致筹资成本增加，或负债借入过多无法偿还出现债务危机。

4. 客户信用管理

客户信用风险是指合同另一方未能履行义务而导致企业的财务损失。由于移动互联网行业多为线上交易，不可避免存在客户信用问题。为了尽可能降低客户信用风险，企业应成立专门小组负责客户资信调查、信用额度审批，并执行必要监控程序。按照客户信用等级进行分类集中管理，确保所有销售客户均具有良好的信用记录。对于超过账期的应收款项，及时采取必要的催收手段，定期跟踪并反馈回款进度。此外，每个报告期末核查每家客户账款的回收情况，对经催收确实无法回收的合理计提的坏账准备。

三、风险防范对策

移动互联网的特性决定了风险成因有别于其他行业，对财务风险预警的及时性和准确性也提出更高的要求，做好风险防范与企业生存和发展息息相关。一般情况下，遵循风险与收益对等的原则，财务风险的影响不可能完全被消除。因此，我们通过加强对风险管控的力度，减少风险不确定性的发生概率，使不利因素控制在可承受的范围内变得尤为重要。

（一）加强外部环境适应能力

移动互联网行业环境复杂多变，对企业财务风险有着直接影响。所以，平时应多关注外部环境变化趋势，及时识别各种潜在风险因素，制定防范措施和处理对策，通过经验总结做出适时调整，减少外在环境带来的影响。同时，为了提高企业核心竞争优势，加强对环境变化的适应能力，可以组建专业的财务管理团队，提高财务决策的科学有效。重点分析竞争对手非常规的经营策略，在早期及时捕捉财务风险信号，以便有足够时间采取防卫措施。

（二）完善财务内控监管体系

关于企业内控监管体系的构建，从制度建设、财务预测方面加以完善，以确保财务信息真实、准确、完整。从制度建设上，规范是最基本的手段，明确有关部门责任权限，确保不相容岗位相分离。从财务预测上，优化是辅助工具，帮助管理层快速了解财务状况，为公司制定业务决策提供依据，尽早采取控制措施规避风险。以对资金运作的监管为例：第一，科学合理的资金预算管理，尽可能发挥其最大效用。第二，规范现金开支限定范围，严禁超标、超额使用现金。第三，加强应收账款日常管理，最大限度缩短回款账期。第四，合理做好库存采购计划，付款选择最优结算方式。通过以上这些控制措施，避免不必要的资金占用，加快资金营运周转效率，提高公司整体盈利水平。

（三）强化财务风险防范意识

财务风险贯穿于企业各项业务活动中，财务人员应正确认识风险管理的重要性，学会熟练操作各种风险管理工具，快速找出风险源头和传导机制，以规避潜在风险导致财务危机。此外，管理层的风险偏好在一定程度上影响企业风险决策。特别是移动互联网行业多为轻资产，这往往导致风控承受力相对薄弱，出现资产结构相对不合理等情况。所以，培育一支高素质的财务管理团队非常有必要，可为企业财务风险防范提供人才支持。这要求财务人员具备良好的风险防范意识，不仅能精准识别和评估风险级别，而且要及时干预和提出解决对策。此外，如何防范财务风险也对财务人员的专业素养和职业判断提出更高要求。企业应当定期组织学习培训，结合实际工作中具体案例，深入业务细节挖掘风险点，有针对性地进行分析研究，重大风险设置应急处理方案,确保出现类似问题时从容应对。

(四)建立健全风险预警模型

企业建立和健全的风险预警机制,对未来风险预测发挥很大的作用。移动互联网企业应根据自身经营特性,综合运用定性和定量(概率和非概率)的技术手段,合理构建风险预警分析模型,从指标筛选、数据处理、数据分析、数据存储的信息采集和加工过程,做到实时跟踪、有效预判和提前警醒的过程管理。在构建预警模型时,应匹配行业特征,结合相关性、可比性、重要性原则,建立适合企业自身发展的预警判断指标,合理选取财务指标和非财务指标体系,及时发现当前或未来可能出现的财务风险,及时高效地采取预防应对措施。就财务指标选择而言,在借鉴杜邦分析体系的基础上,分别设置获利能力指标(如,净资产收益率、销售净利率)、短期偿债能力指标(如,流动比率、速动比率、现金比率)、长期偿债能力指标(如,资产负债比率、利息保障倍数)、营运能力指标(如,总资产周转率、应收账款周转天数)、发展能力指标(如,销售增长率、研发投入比)、现金流量指标(如,现金流净增加额、经营活动现金比率)等五大指标体系。就非财务指标选择而言,可以选择日活跃用户数、市场占有率、用户满意度等。另外,预警指标值的度量标准可以参考同行业竞争对手,通过数据建模量化风险发生的可能性和影响程度,更快速地定位到当前经营管理中存在的问题。大数据对信息采集与分析的重要性不言而喻,通过对风险预警模型进行动态监控,发现重大或重要缺陷及时传递反馈。

(五)制定重大风险应急预案

企业风险管理目标是在风险和收益之间取得适当的平衡,将剩余风险对经营业绩的负面影响降到最低。财务风险管理的关键在于正确识别,包括个别潜在风险正面和负面影响评估,进而选择合适风险应对方案。例如,根据风险敞口实际水平来识别是危险性因素、控制性风险或机会风险,并正确选择可采取的风险应对策略。危险性因素应杜绝发生,此类风险几乎是零容忍度,提前进行压力测试评估风险,通过损失预防、损失管制和成本控制,尽可能防止重大损失的发生。控制性风险管理除了日常必要的合规性检查外,建议做好各种潜在事件的应急预案,以备突发事件发生时的不时之需。当然,我们可根据风险不确定性和严重程度,合理选择规避、降低或分担对企业损失最小的控制手段,与企业的风险容量和容限保持协调统一。机会风险对企业价值创造极其重要,风险发生的同时也预示着机会,企业应抓住每一次发展机遇。另外,在选择控制措施时不能忽视风险之间相关性,应关注整个企业层面的组合风险,特别是各个业务单元对整体风险容忍度影响。结合成本效益原则,将剩余风险控制在预期可接受的风险容量和风险容限之内。对于重大风险需要定期盘点,涵盖目标设定、风险识别、风险评估、风险应对、风险监控、风险评价整个管理流程,为今后应对预案提供更好的改善计划。

当前我国移动互联网行业的发展壮大,对于建设网络强国、数字中国有重要意义。移动互联网企业应强调风险组合观,加强对外部环境的适应性,增强财务人员的风险意识,提高财务决策的科学有效。作为财务人员,应结合企业实际情况,加强财务风险防范意识,减少不利风险发生概率。同时,学会通过预警工具迅速定位风险,善于发现排查和分析解决问题,引导企业经营目标快速实现,确保股东利益和企业价值最大化。

第三节　互联网行业财务风险剖析

企业的财务风险往往决定着企业的生存与发展,随着互联网行业的快速发展,互联网公司面临着严峻的宏观经济形势和激烈的企业竞争环境,公司要想脱颖而出,就必须重视对财务风险的控制和管理。本节将以乐视网为例,多维度剖析其财务风险的成因,并提出相应策略,希冀为互联网行业进行财务风险管理提供参考。

一、案例背景

乐视网在 2004 年 11 月成立于北京,并于 2010 年 8 月 12 日在中国创业板上市,成为全球第一家 IPO 上市的网络视频公司。但在快速扩张与发展的背后,乐视集团资金运作却出现了问题。从 2013 年起,乐视集团控股人就通过减持股份从市场套现,并以股权质押为公司提供大量资金。在此情况下,乐视仍对房地产、汽车等行业疯狂投资,未对其业务战线过长有所警觉。自 2016 年 11 月,乐视的资金运作就开始出现问题,除了乐视手机资金运作紧缺外,其对汽车业务超额投资也导致乐视各业务线资金运作的崩溃,并在 2016 年 12 月 6 日宣布紧急停牌。2017 年上半年财报显示,乐视网实现营业总收入 55.79 亿元,同比减少 44.56%;实现归属上市公司股东净利润为 -6.37 亿元,而去年同期公司盈利达 2.84 亿。

2017 年三季报显示,乐视网的亏损在继续扩大,前三季度净利润为 -16.52 亿。这一数字相当于乐视网上市 7 年盈利的 77%。考虑到目前乐视网的形势,全年亏损很有可能超过 20 亿,换言之,公司 2017 年一年就几乎亏掉了上市 7 年的盈利。

2017 年 11 月 1 日,据《财经》杂志报道,因乐视网 IPO 涉嫌财务造假,参与其 IPO 的多名发审委委员被采取强制措施。至此,乐视公司彻底进入低谷。

二、互联网行业财务特征分析

第一,互联网行业不同于传统制造企业,其主要提供网络服务,更看重无形资产的作用,其资产特征通常是无形资产占比远高于固定资产、应收账款占比大等。这就意味着如果互联网企业能够度过初期资金链紧缺困境,解决流动性风险,那么其就能够在市场上稳步发展,否则将会面临破产危机。

第二,基于互联网行业资产特征,乐视网的财务特点是存货比率低、负债比率高等。这就使互联网公司很难向银行获得较多融资,以致其通常采用风险投资、私募股权投资方式引入投资者。很明显,股权融资成本远高于债务融资成本,这会使企业成本风险进一步提高。

第三,就业务特点来说,互联网行业的产品更新换代快、技术发展迅猛。这就要求企业必须着力于创新技术,领先于同行业,进而并购其他小规模企业。同行业的阿里巴巴、腾讯、百度无一不是通过行业并购与创新技术,才达到目前的规模。

三、乐视网当下的财务风险

流动性风险。企业对现金流的控制和应用类似于人类自身的"造血"系统,乐视网的业务扩张有一定成效,其盈利能力和资产变现能力却并不乐观,这也是企业对现金流控制的败笔之一。从乐视年度报表中可得,2015 年到 2017 年,乐视经营活动产生的现金流量净额同期增长速度分别为 135.57%、-32.89% 和 -617.94%,投资活动产生的现金流量净额增长速度为 93.66%、243.86%、73.57%,筹资活动产生的现金流量净额增长速度为 990.01%、77.67% 和 -44.16%。乐视网自 2015 年以来,经营活动的现金流量一直处于下跌状况,投资和筹资却在上升,可以发现公司存在非常严重的现金流短缺财务风险。

筹资风险。基于乐视网的现金流短缺风险,其融资能力就显得相当重要。上市以来,乐视就通过 IPO、发债直接融资 92.89 亿元,截至 2016 年,乐视网募集额超 28 亿元,间接融资达 52.56 亿元,资产负债率高达 67.48%。早在 2014 年,乐视网发布了一份 45 亿元的发行股票融资方案,但未获得证监会同意,其后公司在 2015 年连续两次发行累计 19.3 亿元的公司债。与此同时,乐视实际控制人贾跃亭通过减持股票,套现 57 亿元并借给乐视网,从中可得乐视网筹资风险相当严重。

信用风险。乐视网为了较早在行业内增大市场份额,拓展业务水平,实施较为宽松的信用政策,这也是乐视网应收账款逐步增加的原因。从年报中可得,乐视网在 2015-2016 年应收账款增长速度为 82.49% 和 58.96%,超过了同期资产的增长速度。应收账款分别占总资产的 21.55%,17.53%,仅次于其无形资产,成为占比乐视网第二的资产,这在同行业间占比较高。虽然 2017 年财务危机后应收账款比率有所下降,但是基数依然很大。同时乐视网近三年应收账款周转率分别为 263.05%,331.44%,62.57%,这相比同行业指标优势仍不明显。综合分析,在 2017 年乐视停牌前,公司的应收账款仍在持续增加,这无疑提前暴露了其宽松信用政策带来的高信用风险。

成本风险。通常来讲,营业收入的快速增长能带来企业的收益增长,然而乐视的财务数据分析结果并非如此。2015-2016 年年报显示,乐视网的营业收入增长率为 76.50%,100.28%,营业成本增长率却高达 80.58%,93.27%,这就导致了乐视网的净利润由 2015 年的 106.25% 下降到 2016 年的 -7.9%,乐视网净利润出现严重的负增长。乐视在年报中解释道:报告期内控股子公司亏损较大,主要原因是其超级电视销量大幅增长导致,为抢占市场规模和用户数量,2015 年乐视主营业务成本中超过七成为终端成本,这也是乐视净利润下降的最主要原因。综上分析,乐视为拓展视频业务产业链,通过进军互联网行业、家电行业和通信行业,开展以电视、乐视盒子、手机为主的终端业务,这就导致乐视网在前期成本投入过大,公司成本风险显著增加。

收购风险。自乐视上市以来,其先后收购或并购重组花儿影视、乐视新媒体、乐视致新、北京益动和 TCL 多媒体等多家企业。其中,通过支付现金对价 27000 万元和股份对价 63000 万元向花儿影视控股人购买了 100% 的股权;以发行股份方式向乐视控股和红土创投购买了乐视新媒体 99.5% 的股权,支付了股份对价超过 29000 万元;2015 年更是出资 188295 万元购买了 TCL 多媒体超 3.48 亿的新股。多次并购交易无疑增加了公司的财务风险和整合风险,外界认为:乐视网通过多次并购和重组,一方面可以收购套利,另一方面又能增加配套融资的金额,缓解其现金流压力。此外,由于国家对版权保护越来越重视,这就导致影视行业成本不断提升,而乐视通过现金购买影视剧网络版权,加大了其营业成本,对其资产流动性的考验越来越大。

四、乐视财务风险成因剖析

盲目扩张,忽视对资金链的管理。互联网行业的特点是前期迅速增长,乐视网在以电视销售为主的业务中取得了较大的收益,使其不断在其他领域进行业务拓展,但随之带来的影响是,公司主营业务成本增速过快,营业利润率下降趋势明显。在新兴互联网行业中,企业运营状况及业务发展良好,但由于盲目扩张导致的资金链断裂,进而引发财务危机使企业破产的现象很常见。

风险管理机制的不健全。基于公司成本考虑,大多数公司仅遵从《公司法》所规定的公司结构及相关机制,忽视披露"风险管理报告"。的确,这很大程度上减少了公司对人力和物力的投入。但在缺少风险管理部门和机制的前提下,仅依靠公司内部风险控制制度很难在风险产生初期识别和判断相关风险,这往往会导致风险管理活动延期甚至失效。乐视案例中,在对控制活动的监督过程和公司财务预警体系上存在较大漏洞,一方面是缺失财务风险管理人员,另一方面也未进行实质上的管理。

对经营活动上的现金流控制弱。据乐视网年报显示,2016年前三季度营业收入达167.74亿元,比2015年同比增长100.54%,报告期营业利润却只有0.24亿,与2015年前三季度比下降约55.56%。乐视财务危机后,2017年前三季度营业利润为-2.86亿,这直接导致乐视崩盘。单从2016年前的数据我们发现:其营业收入快速增长,盈利能力却在显著下降。乐视官方给出的解释是由于其终端成本占主营业务收入的近70%,这就导致乐视电视销量越大,亏损越严重。现金流量表显示,2015年来,其经营活动现金流量一直处于下跌状况,但投资和筹资活动现金流量却在不断扩张。从中我们得出:乐视一直靠外部融资弥补现金缺口,而自身资金运作和抵御风险能力差,这也是2016年乐视财务危机和2017年停牌的最基础原因。

对子公司的财务风险缺少管理和控制。乐视网旗下有乐视网信息技术(香港)有限公司等十三家子公司,但乐视网对子公司的控制主要在战略管理上,并未将子公司纳入统一的风险管理范畴,仅指派负责人监管,具体事项仍由其自行管理。从公司总体上看,乐视网资深员工及职业经理人分管不同子公司,乐视网很难对子公司进行财务监管和治理,而子公司自身管理手段单一,对自身财务风险管理意识不足,这就导致了乐视网子公司的财务风险不可控。

五、财务风险的控制与危机对策

进行外部融资,弥补资金缺口。乐视的当务之急是提高其外部融资能力,补充现金流缺口,同时要加大与各投资机构的合作,重振投资人信心。

降低资产负债率,加大对财务风险控制。债务性融资带来的往往是高财务风险,若企业资产负债率较高,银行对其发展能力评估会降低,这就会导致企业在未来融资中存在较大风险,极易使其资金链断裂。

缩减业务拓展,提升现金流规模。乐视通过采取"烧钱"模式来提升用户规模的营销策略很明显不适用当前经济状况,这也是当下需要改进的地方。要加大对成本的管控力度,精简开支,立足现有产业链,提升相应业务价格,进而增进其业务活动的"造血能力"。

实施稳健发展的总体战略。乐视公司的激进战略,虽然富有前景,但其忽视了最基本的因素:现金流。乐视自上市以来,各业务板块发展仍处于基础阶段,产业链并不完善,更不能产生充足的现金流。

完善企业财务风险管理制度和机制。新兴互联网行业,通常强调扩张而忽视财务风险,缺少对子公司的财务风险管理,更缺乏自身的风险管理体制。一个良好的企业需要一个健全的管理部门,这也是企业向长远发展的必由之路。

第四节 互联网行业并购财务风险

随着我国互联网行业发展逐步进入存量博弈阶段,互联网企业并购成为行业发展新常态。并购对企业来说既有利也有弊:一方面,并购能给企业带来新的发展机遇,另一方面,并购也会对企业的稳定运营造成一定的不利影响。因此,如何有效处理并购过程中可能存在的风险就成为并购企业需要考虑的问题。文章详细分析了互联网企业进行并购的内在动因,对并购过程中可能存在的财务风险进行论述,并针对风险问题提出相应的解决措施,为互联网企业的发展提供相应的参考意见。

作为高新技术产业的代表,互联网产业正在逐步发展成为我国的支柱产业之一。从企业自身利益出发,互联网企业往往会通过各种并购方式来拓展业务范围、迎合市场发展。然而并购对企业的影响并非总是正向效应,如果无法有效处理好并购方与被并购方之间的关系,并购事件就可能会对企业的发展产生负面影响。

一、互联网行业并购现状分析

随着我国经济增速逐渐平稳回落,整个市场资金趋于紧张,投资机构趋于保守。然而作为市场新贵,互联网行业融资虽然较以前困难,但仍能募集到自身发展的资金。我国互联网行业融资从 2015 年以来逐渐回归理性阶段,行业鲁莽式发展已经成为过去式。据资料显示,2018 年我国互联网行业共发生 1 000 多起融资案件,同比下降 2.86%;融资规模方面,融资金额达 900 多亿美元,同比增长 14.62%;并购市场方面,互联网行业在 2018 年共达成 345 起并购案件,数据同比下降 9.45%;并购金额达到 394.61 亿美元,较市场同期数据增长 102.21%,交易额呈指数式发展。互联网行业逐步进入赢者通吃阶段,行业领头羊往往能够募集到充分的资金,进而通过并购扩大企业规模,完善企业产业结构。

整个市场对互联网行业的发展前景持乐观态度。我国互联网行业发展水平与世界发达国家相比依旧存在差距,仍处于快速追赶世界先进水平阶段。但是我国互联网行业发展潜力巨大,尤其是随着 5G 技术、VR 技术、人工智能技术等发展,为行业发展提供了新的动能,因此我国互联网行业将维持较高的发展水平。

二、互联网行业并购特点

作为一个依赖于资源发展的行业,互联网企业的盈利水平依赖于其自身的发展规模与产品的科技含量。如果一个公司能够整合行业上下游资源,那么这家公司就能得到资本市场的青睐,成为行业领头羊。因此,互联网行业并购呈现鲜明的并购特点。

(一)并购目的在于市场和资源

受到行业发展规模的限制,如今互联网行业逐步进入"分蛋糕"发展阶段,行业竞争呈现零和博弈。由于资源具有稀缺性特点,每个行业的发展都受制于有限的人口、资源与技术,在科技没有突破之前,谁能在行业中处于垄断地位、谁的市场占有率高,谁就能得到市场的青睐,从而募集到更多资金供企业发展,同时也会得到消费者的信赖。互联网行业只有抓住足够多的用户才能达到规模经济,摊平企业产品的研发成本,降低企业运营的边际成本。以百度、阿里巴巴、腾讯为例,在"三巨头"拥有市场绝大部分占有率的情况下,行业利润多数被它们瓜分。

(二)多种并购方式并存

互联网行业并购同时存在横向并购、纵向并购和混合并购三种方式。互联网企业横向并购的逻辑在于实现规模经济,纵向并购的逻辑在于降低交易成本,混合并购的逻辑在于丰富企业产业内容。通过横向并购,不仅可以谋求企业在市场中的行业地位,提升企业产品开发能力和技术水平,还可以利用被并购方在市场中积累的资源,迅速占领市场份额,帮助并购方快速适应市场变化。互联网企业通过纵向并购整合产业供应链上下游,降低交易成本。产业上下游在企业内部实现流通,从而提高物流、信息流等要素的流通效率,即在企业内部实现市场交易能够大大降低交易的时间成本和资金成本等,增强企业产品的竞争能力。对于混合并购,互联网行业是一个快速发展的行业,行业发展热点一旦过去,如果企业不能迅速转变经营方向就可能被市场所淘汰。跨行业发展对于绝大部分公司来说都具有一定难度,所以并购成为企业涉足其他行业的优选之一。同时,企业如果要实现战略布局,构建互联网生态圈,通过生态圈构筑企业的"护城河",那么混合并购势在必行。

（三）被并购方独立经营程度高

鉴于互联网行业的发展特点，要求并购方不能对被并购方施加过多影响。只要被并购方的发展符合企业集团的战略发展方向，就可以赋予被并购方一定的自主发展权利。若并购方对被并购方施加过多影响，则被并购方不能充分发挥企业的创新能力，主观能动性受到束缚，这不利于互联网企业的健康发展。互联网企业之间的竞争就是创新能力和市场把握能力的较量，只有充分发挥并购双方的主观能动性，给予对方一定的自主发展权利，才能够更好地为企业的长远发展服务。

三、互联网行业并购动因

（一）扩大企业规模，增强规模经济

经过几十年的发展，如今互联网行业规模已十分庞大，企业间的并购与重组开始成为行业常态。通过并购重组，互联网企业不仅能够扩大规模，而且还可以扩展企业的经营范围。互联网企业发展初期，通过刺激消费策略，持续向市场输送热度，经过一段时间的激烈竞争后，大多数消费者都不会轻易更换已经熟悉的产品。当持续的竞争开发市场到达极限时，通过竞争占领对方的市场份额成本会非常高，这对双方企业来说是个双输的结果，此时两家竞争企业之间通过合并共同分享市场就成为双方最优解。并购可以提高双方企业产品的市场占有率，进一步降低单位成本。

（二）降低交易成本

纵向并购的经济动因主要是为了降低交易成本，包括降低搜寻成本、讨价还价成本和履约成本。纵向并购使企业生产涉及产业链的各个阶段，使市场交易在企业内部进行，剥去了市场交易环节的中间商，直接降低了采购成本。同时，上游企业不会为产品的销售担忧，企业集团可以实现自产自销，整个供应链的生产成本也会随之降低，对企业集团有重大利好。

（三）提高市场势力

为了增强企业的市场势力、获得超额利润，互联网企业会在同一市场进行横向并购。根据经济学理论，当行业处于市场竞争阶段，整个行业的利润率会维持在一个较低水平，但是当行业处于垄断竞争阶段时，垄断企业就会获得超额利润。以美团和饿了么为例，两家分别属于敌对阵营的企业相互竞争，导致整个外卖行业利润率降低，企业只能通过增强营业周转率来提高权益利润率。相反，滴滴和 Uber 合并则进一步促进了滴滴在国内打车软件市场的垄断，公司盈利水平逐渐上升。合并前市场激

烈竞争,所以为了弱化竞争、获得垄断利润,利用横向并购提高市场势力成为互联网行业并购的一大动因。

四、互联网行业并购财务风险分析

(一)定价风险

受市场中交易信息不对称的影响,企业并购的价格可能会严重高于市场对被并购方的估值,这种高估值定价可能会增加并购方的财务风险和影响并购方的财务稳定,此时如果并购方没有雄厚的财力支撑,可能会给企业的安全运营带来极大的危害。例如,2018年,阿里巴巴溢价收购饿了么,双方最终以95亿美元达成交易,比当初拟定的70亿美元多出25亿美元,溢价幅度高达35.7%。如此高的溢价幅度很容易对一般企业造成严重影响,但由于阿里巴巴集团实力雄厚,此次定价风险并未对企业造成实质性危害。

(二)融资风险

并购方为了完成并购往往会从外部筹集所需的并购资金。这种情形常见于以小吃大的并购案例中,并购方通过财务杠杆,运用资本的规模效应并购那些企业规模超过自己的公司。高收益伴随着高风险,较高的财务杠杆可以确保并购交易的顺利进行,但也增加了企业的还债业务。企业的还债能力如果得不到保证,则很可能会陷入现金流危机。如果采用企业集团内部融资,则企业集团内部可用于营业周转的资金减少,企业资产流动性就会降低。因此,无论采用外部融资还是内部融资,都会给企业带来一定的财务风险,如果无法有效地处理这些风险,就会对企业的安全运营带来严重的不良影响。

(三)商誉减值风险

高估值与高业绩承诺会给被并购方带来较高的商誉。近年的互联网行业并购案中,企业商誉价值占整个并购价值的比重越来越高。商誉虽然是企业的一项资产,但终究不是真实的资产。高商誉会对企业的偿债能力和信用风险产生较大影响,而商誉一旦减值,将会给并购方带来严重影响。对于高业绩承诺带来的商誉问题,若市场并不如预期,则商誉减值会冲减企业当期的利润,降低企业利润率。所以,合理合法地提升企业价值,降低过高商誉带来的减值影响对企业具有长远的意义。

(四)财务整合风险

财务整合是指并购双方达成交易后,被并购方将己方的财务活动全部整合到并

购方,并结合实际情况,建立并购双方的财务沟通机制,促进并购双方在统一的财务体系下协同运行。这其中涉及以下几个问题:

(1)财务管理制度的整合。并购双方的财务管理制度可能不同,并购后原被并购方的财务制度如何处理是一个问题。若被并购方原财务体系与公司经营战略相适应,那么是否还应和并购方保持一致。以上都是并购企业首要解决的问题。

(2)并购双方内部的现金流转控制整合。企业现金流量关乎企业的资金使用质量,因此如何处理企业集团之间的应收应付款项,以及基于并购双方对现金流的不同控制能力和不同管理方式、如何有效协调各方的资金流转,这些都是并购企业面临的难题。

(3)企业之间资产负债的整合。如果并购双方优势互补,能达到规模效应,那么可以提高管理层的管理水平。若不能很好地管理双方的资产和负债,一方面会造成资产浪费,另一方面会增加企业负债。这都是企业并购后常见的问题,解决好企业并购的整合问题才能使并购对企业产生正向影响。

五、互联网行业并购风险预防措施

(一)收集市场行业信息和市场环境信息

运用多种方法对被并购方的企业价值进行评估,尽管各种评估方法原理可能不同,结果可能会有差异,但企业价值是相对不变的,因此,评估结果应当保持在一定合理范围内。对于评估结果差异较大的要尽可能多地收集被并购方的企业信息,消除不稳定因素对评估结果的影响,使评估价值回归企业真实价值。对于行业发展前景与行业市场情况要有清晰的认识,尽量做到全面、准确、客观地对并购事件进行分析。

(二)丰富企业并购与融资手段

企业并购不仅包括现金式并购,还包括承担债务式并购和股权式并购。选择非现金并购能够节省企业的流动资金,增强企业的营运能力,所以应尽可能减少现金在并购总额中的比例。丰富的融资手段是企业长远发展的必要保障,企业融资手段越多,企业抗风险能力越强。在并购事件中采用多种融资方式比采用单一融资方式更加安全。外部融资与内部融资相结合,长期债务与短期债务相结合,丰富企业融资成分对企业具有较强的现实意义。

（三）慎重看待高商誉并购案件

对于商誉较高的并购案件，企业应当慎重对待，市场监管部门对这类并购应给予特别的关照。并购过程是否存在内部交易，是否被认为有转移资产的目的，这些都是监管部门与投资者应当关心的事情。

（四）因地制宜实施整合措施

被并购方要服务于并购方企业的战略发展，所以只要这一总原则不变，被并购方可以因地制宜采取符合企业集团利益发展的策略。但是必须整合企业的价值观，一个企业集团内部只能存在一种主导思想。企业文化价值的整合是对企业价值的认可问题，应该利用各种手段宣传企业的价值观和企业精神，营造浓郁的企业文化氛围。

随着我国互联网行业发展逐步进入存量博弈阶段，互联网企业并购成为行业常态。通过对互联网企业并购动因进行分析，能够帮助投资者和企业管理人员更好地认识企业并购内因；对并购风险进行分析，还能够帮助企业意识到并购可能带来的反噬作用，从而更好地处理并购事件可能对并购企业双方带来的不利影响。因此，本节分析了互联网企业并购过程中可能出现的并购风险，并给出相应对策和建议。

第五节　互联网集团企业财务风险分析

随着信息技术和网络技术的发展，互联网企业的发展非常迅猛，行业的创新意识层出不穷，但是企业在迎来快速发展机遇的同时也面临着前所未有的挑战。由于互联网企业内部控制发展相对滞后，而且大多数创业者是技术人才转变的，着力于快速发展企业，对互联网企业财务风险管控的认识存在不足，重视不够，致使企业具有较高的财务风险暴露。因此，探讨加强互联网集团企业财务风险管控具有重要的现实意义。本节在分析加强互联网集团企业财务风险管控的重要性基础上，深入探讨了互联网集团企业财务管控现状，指出其存在的主要问题，并针对性地提出了加强互联网集团企业财务管控的对策和建议。

随着信息技术和网络技术的发展，现代互联网行业步入快速发展的快车道，它在迎来快速发展机遇的同时也面临着前所未有的挑战。面对越来越激烈的竞争，要想继续保持良好的发展趋势，需要不断地调整发展战略，进一步优化内部管理机制。而在内部管理机制中，风险管制又是非常重要的一环。互联网集团企业只有客观地认识财务风险，对各类风险进行有效的防范和管控，才能促进企业不断地发展和壮大。

因此,探讨加强互联网集团企业财务风险管控具有重要的现实意义。

一、互联网集团企业财务风险管控现状和存在的问题

(一)互联网集团企业财务管控现状

互联网集团企业管理模式。当前,我国互联网集团企业比较常见的管理模式是"总部+区域"管理的模式,如京东集团,总部在北京,同时在华北、华东、华南等七大分区进行区域管理。集团总部一般统筹和规划集团全体事务,对区域公司有领导和支配权利,并对区域公司旗下的运营、人事、财务、业务等部门进行管理。区域公司基本是集团公司下属的子公司或分公司,也会配套设置运营、人事、财务、业务等分模块进行管理。区域公司的工作侧重于日常工作的落实和执行,对于规划和战略性的综合事项一般是集团统一规划,不仅方便管理,也能减少不必要的重复沟通。

互联网集团财务管理模式。当前,我国互联网集团企业对于财务管理模块,大多数采用集团财务垂直管理的模式。集团总部的财务人员权力相对较大,职业能力也较强。区域财务人员权力相对较小,基本是集团通过系统进行控制,区域财务的主要工作是机器不太好操作的部分,集中在操作和执行层面,职业能力要求不是特别高。

集团内的财务风险管控也基本依赖于集团系统管控,区域公司人员反而相对更了解业务,但区域公司人员的精力主要用于日常简单事项的处理和应对,且风险管控意识相对薄弱,不排除管控脱节的风险。

(二)当前互联网集团企业财务风险管控存在的主要问题

主要依赖集团系统管控财务风险。互联网企业区别于传统的线下零售企业的本质在于销售形式的转变,是通过网络的渠道进行线上交易的达成,这就导致互联网企业对于系统管控的要求特别高。虽然互联网企业的业务量相对较大,但各个区域的业务模式是一样的,只是管控的地理位置不同而已,这就需要在集团层面把控好系统设置,哪怕只有一个小小的漏洞,也将会产生较大的绝对数额,企业的财务风险随之增加。

在新业务开展前,就需要将系统提前配置到位,这就要求具有较高职业能力的人员去提前规划和预设系统,同时需要在业务开展的同时不断跟进和完善,若未及时发现风险,很有可能越积越多,将导致无法弥补的损失。

区域公司管理人员的财务风险防范意识不够。区域公司是产生收入、利润贡献的地方,集团对区域公司对此往往有考核要求,并且与个人的工资薪酬挂钩,从而导致区域公司人员重视创造收入的增加、成本的节省和利润的增长。当财务风险与收

入增加有冲突时，业务领导一定会选择全身心地投入到创收的过程中，而忽视运营及财务风险。区域公司的财务人员或团队是集团直接管理，而且财务只是区域公司的后勤管理部门，不能为区域公司的销售或利润做出贡献，往往不受区域公司领导的重视。就算区域财务部提出相应的风险管控措施，也很难要求其他部门执行和落实，且很难得到区域公司领导的响应和支持。

由运营风险引申而来财务风险。有些业务的运营是需要准入资质的，如食品的销售需要提前申请并经审批取得食品流通许可证，如物流企业提供运输业务需要提前申领道路运输许可证等。如没有这个证照，将面临无证经营的运营风险，公司将受到工商局的处罚并要求责令改正。对于财务部来说，就会随之带来财务风险。现在的消费者维权意识日益增强，若在无证经营的情况下开具发票，有些消费者会直接投诉至各地政府机关，从而通过当地政府机关的投诉流程来处理。现在政府机关对于收到的投诉有严格的管控机制，必须要在规定的工作时效内处理完成，否则直接影响到他们的考核，这就导致各级政府机关对公司的监管越来越严。

各地营商环境对财务风险管控的力度不一。各地政府受考核指标或历史监管经验的影响，对大、中、小型企业的监管力度可能都不太一样，对各行业的企业管控力度也不一样。同时，也不排除当地政府本年度任务完成时，监督力度就会较松；当本年度政府任务没有完成时，监督力度较严。当然，对于企业财务来说，要求严也是规范企业健康成长。

如上海税务局等政府机关水平很高，响应总局的速度快，税务官员专业能力也非常强，从而在上海注册的企业也会对自身加强管理，管控自身的财务风险，促进企业良好的发展。但有些经济不太发达的地区，管理相对比较保守或滞后，政府官员偏老年化，专业水平和职业能力与上海等发达地区相比有一定的差距，营商环境有待提高。

二、加强互联网集团企业财务风险管控的对策建议

（一）完善企业财务风险管控体系建设

对于不断创新的互联网销售模式和业务类型，需安排专职人员定期排查系统是否能够跟上业务发展的需求。对于不太满足业务的情况，集团内的研发资源也需要向这方面倾斜，需尽快维护升级好，避免漏洞越来越大。

对于集团来说，专业性能力强的人较多，但懂系统的人不一定懂财务，懂财务的人不一定对税务精通，从而导致切分成模块管理，这样管理不仅片面而且也不高效。

这就要求集团企业培养既懂系统、又精通财税专业领域的专业人才，从全角观的角度看待问题和管控风险，从而做好内部财务风险管控的建设。

同时，重视内外部监控机制的建设。完善企业内部的审计机构是必不可少的，要建立事前、事中、事后的监督体系。在重点业务或新业务开展前，财务部参与或主导业务各流程的合规性及可行性的评估，从而做好事前管控；业务开展过程中，定期跟进和了解业务开展是否偏离前期的预设和规划，进而做好事中的监管工作；事后对业务完成情况做好盘点工作，有则改之并不断推进完善和优化。在这一岗位的人员任职上也要符合要求，既要有其独立性，又要有其专业性。同时，可借助于社会专业的三方审计公司联合参与审计工作，确保审计和集团企业经营需要的相契合，体现出外部监督监管的作用，为企业健康发展助力。

（二）提升企业财务风险管控意识

很多企业人员的意识还停留在没有被政府机关抽查到就是没有风险的阶段，当然一个企业想要正常的发展，完全没有运营和财务风险的话，这个企业也很难发展壮大。对于企业所能承受的风险要做到心中有数，从而才能正常的开展业务。

对于提升企业财务风险管控意识，构建集团内部的奖惩机制是非常有必要的。对于已成熟的业务，整个业务模式和风险管控点已有既定的规则，这就要求全体人员按照集团整体要求执行和落实即可。若仍有执行不到位或明知故犯的情形，给集团带来较大运营风险和财务风险，则必须建立和执行相应的惩罚措施。对于新业务，则鼓励建立与其配套的管制措施，对此有贡献的员工应及时给予必要的精神或物质奖励，不断提高财务风险管控的积极性和主动性。

（三）做好业财融合，加强运营风险管控，避免转变为财务风险

财务风险其实不仅仅是由于财务部内部工作不当造成的，绝大多数的财务风险是由运营风险转变或引申而来的，只有把控好经营活动中的每一道关，才可能真正的管控好运营风险，最终管控好财务风险。这就需要做好业财融合，要将运营风险与财务风险的关系培训至最底层的员工，让每个人意识到管控风险的重要性及风险带来的危害性，才能让每个人参与到管控的环节当中来。同时，财务人员需要下一线，深入业务侧多了解和学习，多听听不同层级人员的反馈和建议，才能将理论和实践更好的集合，才能更精准地发现问题，从而有效地解决问题。只有在大家通力努力下，才能真正地将财务风险管控好。

（四）提升区域财务人员综合能力，应对外部环境或因素带来的影响

集团财务的财务风险监管水平不应仅体现在集团层面财务工作的把控上，也要加强对于下属企业或区域的财务工作的监管和财务人员的培养，提高其自主财务风险能力的把控，才能够不断促进集团战略目标的落实。培训其实不仅仅是专业能力的培训，还有集团新业务的解读、集团以后的发展方向和战略的分享。不仅仅是让区域财务负责日常的费用报销审批、发票的开具、纳税申报等简单重复的工作。调动区域人员的工作积极性非常有必要，要让其感受到与集团一同成长和进步，在工作的过程中有所收获，从而提升其归属感及责任心等。

其实，区域的人员才是风险管控的关键点，当地税务局、工商局、邮管局等政府官员只能对接到当地财务人员，如果职业能力不强或对公司的整体规划情况不了解，很难去做日常的沟通和对接。这就需要集团把区域人员当成自己的员工一样培养和代教，才能提高集团企业财务风险管控的能力和水平。

综上所述，集团企业的发展好与不好的考核标准，不应仅体现在收入和利润的提升、成本和费用的降低上，更重要的是体现在运营风险和财务风险管控水平的提高。所以，只有不断深挖各类隐藏的财务风险问题，积极采取有效的应对策略，才能更好地实现管控财务风险的目标，才能为集团企业不断发展壮大保驾护航。

第六节　互联网企业多元化经营的财务风险

伴随网络信息技术的发展，互联网企业的出现为人们的生活以及生产带来了便利，大部分互联网企业在发展中，为了顺应多元化的时代发展需求，积极构建了多元化的经营模式，以更好地帮助企业创造更大的利润空间。但是，在互联网企业多元化经营的背景下，经常会面临财务风险的管理问题，若这些问题不能解决，会影响互联网企业的运行，为企业的生存及发展带来限制。因此，在当前互联网企业运行中，为了实现多元化经营的目的，应该将财务风险的控制作为核心，通过财务风险管理方案的完善，构建针对性的财务风险控制方案，提高财务人员的风险控制意识，以保证各项财务管理工作的稳步进行，推动互联网企业的运行及稳步发展。

一、互联网企业多元化经营的相关内容

（一）企业多元化经营

企业多元化经营主要是指企业同时经营多种产品，通过跨产品、跨行业活动的构建满足企业的经济发展需求。在企业多元化经营中，其优势体现在以下几个方面：第一，企业在多元化的经营背景下，在发展到一定的规模之后，会在原产品生产及开发的基础上顺应时代的需求，使企业更好地适应市场，为企业的长期、稳定发展提供支持。第二，企业通过多元化经营，可以实现资源的合理分配，明确资源分配的优先顺序，以实现各项经营工作的稳步进行。第三，企业在多元化的经营中，可以实现对复杂风险的科学管控。由于互联网企业的特殊性，在财务管理工作中经常面临着复杂性的问题，通过多元化的风险管理及控制，可以将企业的经济损失降到最低状态，以实现企业的可持续性发展。

（二）企业财务风险

财务风险主要是指企业在各项财务活动中，由于难以预料以及控制因素的出现，导致财务状况出现不确定性问题，使企业面临一定的损失。企业中的财务风险具有一定的客观性、全面性以及双向性的特点，为了保持企业的经济发展，应该加强对财务风险的控制。一般情况下，企业中的财务风险包括融资风险、投资风险以及收益风险，若互联网企业在多元化经营中，不积极寻求同行业的投资，确定科学化的财务风险控制方案，就会使投资面临不利环境，增加企业财务风险。因此，企业在发展中，应该将财务风险的识别、分析、控制等作为核心，通过对风险评估方案的总结，提高企业对财务风险的防范效率，满足企业的经济发展需求。

（三）互联网企业多元化经营的特点

在互联网企业运行中，其作为一种资本密集型企业，项目的研发成本以及研发风险较高，通过多元化经营方式的构建，可以分散企业经营风险，实现企业经济的稳步发展。而且，在企业多元化的经营中，其特点体现在以下几个方面：第一，互联网企业通过多元化经营模式的构建，可以实现产业链上下游的连通，企业通过并购、业务合作等，逐渐改变以往的经营模式，形成一体化的项目服务。第二，互联网企业在多元化的产业中，可以有效扩张经营范围，满足企业的发展需求。第三，在互联网企业发展中，企业通过网络经营，可以推动网络零售业的发展。

二、互联网企业多元化经营的财务风险

（一）缺少科学性的财务经营决策依据

在互联网企业发展中，主观决策以及经验决策存在着判断失误的问题，若互联网企业在财务管理中不能正确分析这些经营风险，会增加企业财务管理的难度，无法实现互联网企业的可持续性发展。而且，很多互联网企业在发展中，若相关管理者缺少对多元化财务经营风险的认识，就会导致财务风险经营决策流于形式，无法提升财务管理工作的科学性。例如，在一些互联网企业发展中，项目投资中缺少对可行性数据的分析，导致财务决策失误，企业无法获得预期目标，进而影响企业的经济发展。

（二）多元化的经营管理理念相对滞后

结合互联网企业的运行及发展特点，很多企业在多元化的经营背景下仍然采用传统的营销模式，这种单一的经营状况无法满足互联网企业的发展需求。而且，在一些互联网企业发展中，缺少科学化的经营管理概念，财务管理工作缺少多元化意识，导致企业在运行中只是单纯为了拓宽经营空间，影响企业的长期、稳定发展。因此，在当前互联网企业运行中，应该将财务管理经营作为重点，通过财务风险控制方案的完善，构建多元化的经营管理理念，以推动互联网企业的稳步发展。

（三）财务管理人员风险意识薄弱

互联网企业发展中，虽然采取了一系列的风险管理措施，但是，这些风险措施无法在根本上避免，这种现象的发生与企业财务管理人员意识薄弱存在关联，主要是一些财务管理者不能及时掌握财务风险因素，企业为了满足自身的短期利益需求，会采用赊销的方式减少库存，以便更好地占有市场，但是这种现象的发生会使企业应收账款增加，无法实现对客户等级的评估，为企业的经济发展带来一定隐患。

三、互联网企业多元化经营中财务风险的控制措施

（一）完善企业财务风险治理方案

在互联网企业多元化经营的背景下，为了避免企业财务风险的发生，应该针对互联网企业的运行状况，构建财务风险治理方案，以推动互联网企业的稳步发展。通常状况下，在企业财务风险治理方案确定中应该做到：第一，确定企业治理结构。企业财务决策中，应该通过筹资决策、投资决策以及经营决策等项目的构建，进行财务风

的控制,相关财务管理者需要针对这些内容,将财务风险控制在一定范围内,并对企业中的实际财务管理状况进行分析,保证财务决策方案制定的科学性、有效性。第二,提高企业财务管理人员的风险控制意识,制定科学化的财务风险管理策略。在互联网企业多元化的经营背景下,相关管理者需要结合企业的运行特点,加强对财务风险管理的认识,使企业财务风险逐渐形成企业文化,将其融入企业的各个阶段,引导企业财务人员根据企业自身运行状况以及外部环境等,构建多元化的财务管理方案,以实现互联网企业财务风险控制的最终目的。第三,积极完善财务风险控制体系,通过针对性风险控制方案的构建,确定多元化的经营方案,同时将财务风险的控制作为核心,构建针对性的财务风险控制方案,提高财务人员的风险控制意识,以便更好地规范企业投资、融资以及经营模式,保证互联网企业财务管理工作的稳步进行。

（二）建立企业财务风险识别及预警机制

通过对互联网企业运行及发展状况的分析,在企业财务风险控制中,通过财务风险的识别以及预警机制的构建,保证企业流动资金的充足性,满足企业的持续性发展需求。一般情况下,在企业财务识别以及预警机制构建中应该做到:第一,企业在财务分析中,应该明确财务风险指标,通过与行业运行状况的分析,分析企业的运营能力以及偿债能力,确定企业流动资金的使用状况,以实现企业各项经营活动的稳步进行。第二,在企业财务风险控制中,也应该检测并预防现金收账款不合理现象的出现,若发现资金管理异常的现象,应该构建可行性的风险防范措施,以促进企业的长远发展。第三,在互联网企业的资金整合中,相关人员会忽视风险因素,通过预警项目的确定,可以提高财务管理者对风险现象的认识,将企业财务风险降到最低状态,推动企业的稳步发展。第四,在企业财务风险控制中,应该加强财务监督。互联网企业应该针对市场经济的发展状况,进行财务风险管理工作的控制,以实现对企业风险的有效防范。企业在财务管理中,通过财务控制可以快速、准确以及稳定地进行财务风险评估,使企业在多元化的经营背景下,可以更好地进行风险评估,提高风险控制的有效性。

（三）明确企业财务管理的约束机制

在互联网企业多元化经营中,企业决策者作为财务管理工作的核心,在制定决策的过程中会出现逆向决策的问题,这种现象的出现会影响企业财务管理工作的有效性。因此,为了实现多元化经营中财务管理工作的构建性,应该将财务激励约束制度作为核心,并做到以下内容:第一,企业在多元化经营中,应该保证决策的有效性,以更好提高财务决策的正确率,降低财务中的决策风险。第二,积极完善多元化的经营理念,通过长效性管理方案的构建,扩大企业的规模,满足互联网企业的多元化经营需求。第三,在财务风险控制中,应该将人性化管理作为核心,通过激励制度以及约束制度的构建,提高员工对财务风险工作的认识,从而能够更好地参与到激励以及奖惩制度之中,为互联网企业多元化经营提供支持。第四,互联网企业在多元化经营中,应该时刻保持良好的财务状况,管理者需要时刻监督企业的财务状况,针对各项财务项目制定风险防范措施,以提高企业资金运用的合理性,为企业的安全运行及稳步发展提供保证。

(四)加强企业资金的集中管理

针对企业的运行及发展状况,在多元化经营中,通过资金的集中管理可以将企业的财务风险降到最低状态,以推动互联网企业的稳步发展。因此,在互联网企业的资金集中管理中应该做到:第一,企业在内部管理中,应该结合财务管理体系的建设状况,对企业内部信息进行处理,通过网络管理以及集中化财务管理方案的构建,保证各项财务流量以及资金预算管理的有效性。第二,总公司可以利用网络环境对子公司的财务状况进行管理,及时构建实时监控方案,当发现财务风险问题时需要及时处理,以提高企业财务管理以及财务风险控制的有效性。第三,企业在财务信息集中管理中,可以通过完善企业的信息保护,对各个子公司的经营状况、经营特点进行分析,规范财务信息处理流程,从而确定严格性的监督机制,保证企业财务信息的真实性。第四,积极构建科学化的财务管理制度,在子母公司的财务管理中,应该坚持集权适度的发展目标,通过合理化管理方案的构建,明确企业的发展方向,使互联网企业在多元化经营中顺应时代的发展方向。

(五)构建创新性的企业财务管理模式

在互联网企业运行及发展中,为了使财务管理适应多元化的企业经营需求,企业管理者应该结合企业的运行特点,进行财务管理模式的创新。首先,企业集团可以通过网络信息系统的建设,对各个公司的流动资金以及实际预算进行管理,以保证母公司通过网络资源实现对其他子公司的财务管理,在这种针对性的管理及监控中,可以将各个企业中的财务风险降到最低状态,以提高企业财务风险的管理及控制能力。其次,在企业风险控制中,应该及时完善企业的内部信息,结合企业生产以及企业管理的特点,规范财务信息管理方案,严格确定财务监督制度,以保证信息处理的有效性、真实性。最后,在创新型财务管理模式构建中,应该针对互联网企业的运行特点,进行财务管理工作的革新,以更好地提高网络信息数据处理的有效性,降低企业财务风险,提升互联网企业多元化经营的竞争力。

总而言之,在互联网企业多元化经营的背景下,为了改变企业以往的经营模式,提高企业财务管理的有效性,企业管理者应该针对企业财务管理工作的特点,进行财务管理方案的完善,以保证各项财务管理工作稳步进行,推动企业的经济发展。对于企业中的管理者而言,应该认识到影响企业财务的风险因素,并针对这些风险问题,构建行之有效的解决策略,并在企业财务风险治理方案完善、风险识别及预警机制、企业资金集中管理以及企业财务管理创新等方案构建中,确定企业财务风险控制标准,降低企业财务管理风险,实现企业财务管理工作的稳步进行。

第三章　互联网企业财务风险控制研究

第一节　企业财务风险控制问题

在日益复杂的市场经济环境中,企业的财务活动具有不确定性,企业财务风险无处不在,无时不在。如果企业对财务风险管理不善,就会引发财务危机。因此,加强企业财务风险控制研究,对促进企业持续健康发展,提高企业的社会竞争力具有重要的现实意义。

一、财务风险控制理论概述

财务风险的分类。筹资风险:筹资风险是指由于资金供需市场、宏观经济环境的变化,企业筹集资金不真实、筹资成本过高以及筹资达不到预期目标或受益的不确定性,即到期无法偿付资本成本的可能性。投资风险:投资风险是指投资主体在进行投资的过程中由于各种不可控因素的作用,投资无法实现预期结果的可能性。资金回收风险:企业产品销售的实现与否,要依靠资金的两个转化过程,一个是从成品资金转化为结算资金的过程,另一个是由结算资金转化为货币资金的过程。资金回收风险是指这两个转化过程的时间和金额不确定性。收益分配风险:收益分配的风险是指由于收益分配可能给企业的后续经营和管理带来的不利影响,即由于收益取得和分配对资本价值产生影响的可能性。

财务风险的特征。客观性。企业财务风险具有客观性。它具有以下两个方面的意义:第一,企业面临财务风险问题是不可避免的,所以必须加强对财务风险的控制。第二,由于财务风险是不能完全消除的,企业只能积极树立财务风险意识,而不能一味地追求低风险甚至零风险。不确定性。财务风险的不确定性,是企业财务风险产生的必要条件,风险在一定条件下,有可能发生,有可能不发生。正是由于风险具有不确定性的特征,因此在企业财务风险控制管理时,人们可以得出风险的可控制性。收益性。企业的财务风险与收益是存在正比关系的:财务风险越大,收益越高。企业的生产经营活动是具有连续性的,财务风险的存在和发生,必然会影响企业某一环节的发展,从而影响企业整体的经济效益。有效地控制企业的财务风险,将会节省企业在风险管理方面花费的资金,从另一角度增加企业的收益。

二、财务风险控制的方法

风险规避,是指在企业财务风险调查预测的基础上,对于既存在的风险和发生的可能性,采取不承担风险或放弃已经承担的风险,来规避损失发生的可能性。实施风险规避策略可以通过彻底避免、中途放弃或改变条件三种方法进行风险规避。

风险降低,是指企业财务风险事故发生前努力降低财务风险发生的可能性,并在损失发生后尽量减少风险损失程度的一种方法,控制财务风险的方法可以从事故发生前和事故发生后两个方面进行预防和降低损失。

风险转嫁,是指企业把有风险的财务活动通过保险、转让等方式转嫁给其他单位和个人的方法,通过转移风险而得到保障。

风险留存,是指企业以一些筹资措施来应对企业风险。风险留存实质上是企业在某种风险无法回避也不能转移时自行承担风险及损失发生后的财务后果。在许多情况下,风险留存会与风险转移结合起来运用。

三、企业财务风险的成因分析

企业内部原因产生的财务风险。企业内部缺乏完善的财务管理制度及系统。财务管理混乱是产生财务风险的一个重要原因。企业内部各部门资金的使用分配、管理的混乱无序、利益分配存在权责不明的状况,都将直接导致企业资金的流失、利润的下降,给企业带来严重的损失。企业财务管理人员对财务风险的客观性认识不足。企业的财务管理人员缺乏基本的职业道德,专业知识不够完善,缺乏风险处理经验,在风险出现时消极面对,不能冷静分析财务风险的客观性,不能准确根据财务风险的成因采取有效的解决措施。盲目的财务行为,将导致企业财务活动恶性循环,严重影响企业的正常生产经营活动以及企业资产的正常安全流动,给企业将来的持续发展埋下了巨大的财务隐患。企业资本结构不合理。企业的资本结构是指企业各种资金的构成及其比例关系。企业的财务状况是企业资金占用和资金来源情况的综合反映,对企业资金结构的分析也就是对企业资产结构和负债结构的分析。由于企业的财务状况管理不善、产品销售情况不佳、投资者和管理人员缺乏对相关方面的科学认识等各方面因素的影响,导致企业的资产结构倾斜,这样将导致企业无法达到最佳的资产结构,无形地增大企业财务产生风险的概率。

企业外部原因的财务风险。任何一个企业都脱离不开整个市场经济的大环境而独立生存,在我国复杂的经济环境中,企业为了应对外部多变的财务环境,必须积极发挥作用减少因企业外部原因影响产生的企业财务风险。其中,市场震荡是一个不可轻视的因素。经济市场的连续震荡,将导致股市等市场遭受严重的危机,市场交易困难。

四、企业财务风险控制对策

筹资风险控制对策。筹资是企业经营活动的内容之一,企业在筹资风险控制过程中,应遵循企业所筹资金量与需求量相符合,资金的筹集与投放相结合以及资产结构与筹资结构相匹配的原则。在制定筹资风险控制对策时,可采用确定合适的筹资规模、安排最佳的筹资结构、选择合理的筹资期限、把握有利的筹资时机和制定有效的筹资方案等方法。

投资风险控制对策。规避在投资活动中的风险,有以下两种方法:最大期望收益值法:根据项目投资方案实施时面临的各种状态的概率值和收益值计算出项目备选方案的期望收益值。比较不同投资方案的期望收益值,以最高收益值为确定优选方案的依据。最小期望损失值法:计算出各个投资方案或项目的期望损失值。方案在某种状态下的决策损失值等于某种状态下存在的最大收益值减去某种状态下该方案的收益值。根据各期望损失值的大小比较,以期望损失值最小者为最优方案。

资金回收风险控制对策。资金回收风险控制主要从两个方面来考虑:一是加强成品资金向结算资金的转变过程的控制。首先企业要做好科学的市场调查,对产品是否符合市场需求和成本、利润做到充分的调查和研究。二是加强资金结算向货币转换过程的控制。企业资金结算过程中最主要的因素是对应收账款的管理工作,首先应加强事前预防工作,对客户的信用程度进行调查,确保客户是否能进行赊账,再签订合法的法律合同,防止出现少数客户的赖账行为。

收益风险分配风险控制对策。收益风险分配问题我们可从以下几个角度进行解决:第一,法律因素。严格的遵照国家统一的分配标准进行分配。采取积累优先原则,必须尊重市场竞争规律的要求,企业向投资者分配利润之前,在遵照法律因素之外还要通过董事会的决定,最后才能确定分配利润的合理性。第二,公司因素。要充分考虑经营者和职工的利益,加强激励政策的建立确保调动员工的积极性的同时也要加强意识的培养,让员工自觉地维护公司的利益。第三,公平元素。要一视同仁的对待企业的每个投资者,保证企业利润分配的公平原则。

第二节　我国企业财务风险控制研究

我国在加入 WTO 后，继续大力推行改革开放政策，国内的企业迎来了更多的机遇和挑战。但随着金融危机的爆发和企业内部财务风险问题的产生，暴露出我国企业在财务风险控制方面的不少弊端。所以，在市场经济竞争日益激烈、金融风暴余波未散的情况下，财务风险的控制必然成为企业内部控制的重中之重，加强和完善企业财务风险控制的防范措施显得极为重要。由此可知，我国企业必须要重视财务风险，防止财务风险的发生。因此，需要了解企业可能出现的财务风险，及早制定相应的预警机制，对于已发生的财务风险必须及早诊断，并采取相应的措施，将风险扼杀于萌芽状态，同时，企业还要分析财务风险产生的原因，防止类似的财务风险再度出现。

一、企业财务风险控制中存在的问题

（一）企业内部风险控制意识淡薄

金融危机过后，如何更好地控制财务风险成为企业关注的热点，但我国还属于发展中国家，企业对于财务风险的认识还处在基本层面，大量的企业对于财务风险的意识和控制还十分淡薄，财务风险控制机制尚不完善。在我国企业中，上到企业的管理层，下到企业的员工，对于企业的财务风险都没有较强的意识，这一现状不利于企业的生存和发展。

1. 企业管理者的财务风险控制意识淡薄

企业的管理者就是企业的"中枢神经"，如果企业的管理者对于财务风险没有制定有效的预警机制和控制措施，企业就无法系统地对财务风险进行控制，这必然会使企业内部的财务风险加剧。

在我国企业中，大多数企业管理者对于风险的解决办法是：风险出现时进行控制，一旦风险稍有缓解就不再监控。这种做法完全没有作用，有时反而会适得其反。管理者在对一个新的项目进行投资前预测时，通常只对投资所得利润进行评估，而不会考虑利润背后的风险。企业若不先对收益和风险进行评估，选择盲目投资，造成损失甚至导致企业破产。

2. 企业内部员工的财务风险意识淡薄

企业内部员工的财务风险意识十分重要。内部员工如果没有良好的品行和职业素质,企业的生存和发展将受到致命的打击。在企业生产经营过程中,企业制定的内部控制制度需要企业的员工来执行和遵守,并且,企业内部员工的品行和素质也是决定企业内部控制制度合理性和完成度的关键所在。一旦企业内部的员工因为对自身岗位职责的疏忽,没有严格遵守企业内部控制制度,导致员工所负责的工作出现纰漏,使企业内部控制工作出现问题,进而导致企业承担巨大的财务风险。

(二)企业内部财务监管机制不健全

在企业内部,财务监管机制是由企业内的多个部门组合构成的,各部门之间相互制约、相互协调,保障企业内部财务监管机制得以顺利运行。但在实际中,大多数企业由于内部没有健全的财务监管机制,企业内部的财务监管力度过小,导致企业的内部监管机制形同虚设。这一问题主要集中在以下两个部门。

业务部门。在我国,企业为占据市场主导地位,将业务部门员工的收入与其业务能力相联系,使得员工重量不重质,忽视了财务风险的存在。这种有缺陷的奖励机制,往往使员工为了调高个人的业绩和收入而盲目的扩大销售,忽视了可能会造成的财务损失,使企业在资金的再利用方面出现问题,进一步造成企业的坏账数量增加,形成严重的财务风险。

财务部门。在我国企业内部,财务部门经常会存在财务系统权限设置混乱,财务审批程序缺陷,财务各流程的控制制度不合理,财务人员对工作执行不到位、对制度不落实等问题。并且,财务人员由于对工作岗位缺乏认识,简单地认为其工作只是对凭证和单据进行机械式的统计,因此很难发现在其所负责的工作中存在的财务问题;即使财务人员发现了问题,但由于缺乏对凭证和单据所涉及业务的了解,致使无法及时地向企业内部的有关部门汇报。这些问题的存在导致企业内部对于可能存在风险的项目不能及时有效地处理,延误了管理层修正决策的时机,导致企业内部财务风险的增加。

(三)企业内部财务风险评估不足

在我国企业中,企业内部对于财务风险评估的不足,主要表现在以下两个方面。

公司层面对于财务风险评估的不足。国企内部的管理者在制定管理目标和规划企业未来时,完全按照自己的主观想法进行,缺乏与企业下属部门及员工的信息交流和沟通,导致各部门之间不能通力合作。对于制定的企业管理目标和未来规划,企业管理者们也没有运用有效的手段和方法及时下达给员工,即使下达给了企业员工,也因为企业员工无法充分理解管理者的真实目的和想法,导致无法实现企业的战略目标。同时,企业的管理者在决策时,受到主观思想的严重影响,不能及时发现真正存在的问题,找不到调动员工积极性、提高员工工作效率的合理办法。另外,如果管理者制定的目标不适合企业现阶段的发展需求,也会导致新的目标很难在员工的实际工作中落实。

业务部门对于财务风险的评估不足。在企业管理者对企业未来发展制定目标的前提下,业务部门也同样对本部门的工作制定了目标。但由于目标制定的过于局限,没有长远健康发展的战略高度。同时,在制定过程中,不结合实际,过度地追求业绩,对于短期内取得的成绩沾沾自喜,好大喜功,缺乏谨慎性。在业务开展后,对于已经制定的目标进行修改,这对于业务的开展十分不利。业务部门制定的业务目标缺少方案,在执行过程中,没有计划性的进行工作,缺乏具体的工作步骤,没有合理的目标完成周期,没有对风险和业务的评估。另外,业务部门内的员工之间缺乏团队合作意识,对项目的考察、评估和监测缺乏科学合理的工作计划。企业的管理层对于项目开展缺乏政策和资金的支持,导致业务的开展举步维艰,投入的资金无法有效收回,致使企业面临严重的财务风险。

二、企业财务风险控制问题产生的原因

生产经营过程中发生的财务风险,除了会受到复杂多变的外部原因影响,还与企业内部对财务风险的认识、评估、制定的控制措施、应对风险的能力等有着密不可分的联系。企业的经营战略在很大程度上会影响企业的生产经营活动、投资资金分配等,若在上述因素中出现了非常大的失误,会致使企业面对更大的财务风险。

(一)企业管理层风险意识不足

企业的决策层由于水平不高,导致决策过程中的风险意识不足,缺乏对风险的警惕,在决策时过于盲目的进行决策,导致企业财务管理存在安全隐患,这必然会导致企业在经营活动中承受巨大的财务风险。企业的决策者们应该建立完善的决策机制和财务风险控制机制,增强财务风险意识,从而有效地避免损失。

目前,我国的企业存在很严重的问题:董事会、监事会和管理层的三权分立原则未得到贯彻,相互之间的权力掺杂,没有形成有效的制约,董事会没有起到引导作用,监事会监管能力弱,缺少行之有效的监督和制约。这就使得企业及投资者均受到利益的侵害,需要企业加强法人治理,增强企业的防范意识,形成董事会、监事会和管理阶层"三足鼎立"的局面。防止因人为因素或监管体制的不完善,增加财务风险。

（二）投资项目财务风险过高

在企业中，投资决策非常重要，关系到企业未来的发展。投资决策主要是指对内与对外的投资。在对内投资中，企业主要投资自身资产，而在投资过程中，企业往往缺乏精密的分析和研究，再加上企业决策者的管理水平过低，对投资所需的信息了解的不够全面和精准，从而导致企业的投资决策失误频频，所投资的项目无法达到预期的目标，引起严重的财务风险；在对外投资中，企业的投资者对所投资项目的风险意识不足，盲目的投资导致企业的财务损失严重、财务风险加速形成。

无论是对内投资还是对外投资，我国企业的投资决策者经常会在投资前凭主观经验进行投资分析，极少建立科学的决策机制，对所投资的项目没有收集足够真实可靠的信息，未能进行科学系统的分析研究就盲目投资，在投资过程中，对出现的许多不确定性因素没有进行合理的预测和防范，使得投资预期收益的实现和投资成本的回收都出现了问题，导致企业投资的失败。

三、加强企业财务风险控制的有效防范措施

目前，在我国市场经济的大环境下，企业财务风险是必然会出现的。由于企业内部各种机制的不健全，企业难以避免财务风险。只有强化内部财务风险意识，才能避免可能发生的财务风险。企业加强财务风险控制，对于企业改善内部财务状况、优化资本结构、制定科学合理的投资决策、决策者制定完善的控制方法、提供有效的控制措施和有价值的信息、预测市场发展动向以及经济状况，具有十分重要的作用。

（一）强化企业内部财务风险意识

在市场经济环境中，企业是市场的主体，这就决定了企业要有很好的风险意识。企业所处的市场状态决定了银行的信用评级，企业对于资金收回和管理的能力，国际市场上利率的变动，企业的财务状况、偿债能力、筹资环境等因素，都会改变企业的财务风险。如果企业缺乏适应市场的能力，不能清楚的认识财务风险，将会增加企业的财务风险，影响企业未来的生存和发展。

财务风险影响企业内部的各个环节，在审核时，企业如果出现纰漏，将导致财务风险的增大。企业只有不断增强抵抗风险的能力，提高防范财务风险的意识，准确预测和把控市场，才能在市场经济中做大做强，也能更好地预测、防范和控制风险。

（二）加强并提高企业内部管理和决策水平

1.提高管理层的素质

企业的形象完全取决于管理层的素质，也对企业如何更好地生存和发展起到了

不可忽视的作用。作为企业的管理层,需要不断学习先进的企业管理方法,对于企业内部的财务程序和财务管理制度要了如指掌,能够及时地发现企业财务中存在的纰漏和不足。

企业管理层在日常管理工作中,要做到科学规范的区分决策的重要程度,对于工作的重点要有明确的划分,不能存在一人多管的情况,企业的管理层应该区分责任、分级管理。同时,企业的管理层应该增强自身的决策、计划、分析等能力,提高自身素质,对于财务工作中重点的指标、财务数据,要有独立分析和总结的能力。

2. 提高企业内部员工的素质

在企业内部,提高企业员工素质最有效的方法就是建立健全企业的培训机制,这样才能合理有效地形成良好的企业文化。企业建立的培训机制要符合企业自身的特点,同时,要有计划性和目的性的培训企业员工,不断改善企业的形象,丰富企业的内涵。任何一个企业,只有依靠企业全体员工的共同努力,才能改变企业的不良状况,完善企业的财务管理,规避财务风险,提高企业的竞争力。

（三）建立企业内部财务风险预警机制

企业可以通过建立财务预警机制来实现内部审计制度的完善。为制定目标的实现方法,要科学有效地对决策进行全方面的评估,并采取相应的策略。需要企业建立完善的、有效的风险评估系统,对企业要进行的项目或企业内部的财务进行风险评估并实施预警措施。防范企业经营管理过程中潜在的财务风险。在危机出现前,对企业各部门进行预警。为使管理层及时发现、规避和解决风险,可以向管理层提出可行的建议,监督其采取合理的方法来应对风险,避免财务风险带给企业重大的损失。

第三节 互联网企业财务风险控制研究

互联网经济已经成为当前全球经济的重要组成部分,互联网企业在互联网经济的发展中做出了重要贡献。随着全球化经济进程的加快,互联网企业面临的国内外竞争压力不断加大,互联网企业要想保持竞争优势就必须加强管理,而企业管理中有一项重要内容就是财务风险管控。互联网企业的财务工作有其特殊性,与企业的盈利模式、筹资、投资方式等具体工作密切相关。因此,互联网企业的财务风险控制也必须从这些方面入手,建立财务风险管控机制,加强各项财务活动的风险管理。

一、互联网企业特点

互联网在刚开始发展时主要以一种工具形式参与到企业发展中,但是,互联网的迅速发展不断渗透到各行各业,互联网逐渐独立出来,形成了一种独立的企业发展形式,即互联网企业。互联网企业就是利用互联网平台提供各类服务,以此获得经济利益的企业。在互联网企业发展过程中,我国抓住了这一机遇,因此,当前我国的互联网企业数量众多,从其发展特征来看,互联网企业以互联网为发展平台,其服务对象众多,创新能力强,重视客户的体验与互动,且工作效率高,财富积累的速度也很快。从发展形势来看,当前我国的互联网企业还处于成长期,在向成熟期过渡的过程中,互联网企业会面临各种财务风险。

二、互联网企业的财务风险分析

财务风险是由于企业财务意识淡薄,不按照财务规范进行经营管理,导致企业经营模式、资本结构等不合理,财务状况不稳定,增加了风险存在的可能。互联网企业的财务风险按照其财务活动内容主要划分为盈利模式风险、投资与筹资风险、政府监督风险等。企业财务风险无法完全避免,只能通过有效管控手段不断降低。

盈利模式风险。互联网企业有收费与免费两种盈利模式,收费的盈利模式又包括直接与间接两种。免费的各种软件也很多,像各种门户网站、360杀毒软件、微博等。电脑手机上的各种游戏就是直接收费的,他们的收费方式有虚拟道具、游戏点卡等,像腾讯会员、爱奇艺会员等基本服务就是间接收费的。不管是免费还是收费的方式都存在财务风险。收费模式以客户体验来盈利,如果客户体验度下降,客户对服务的满意度不高,导致客户流失量太大,使盈利额下降,就有可能引发财务危机。免费的盈利模式一般在前期免费,吸引大量客户,然后依靠后期收费、广告费、推出系列产品等形式进行收费。如果一直免费,当然无法获得经济利益。但是由免费到收费的方式客户一般不易接受,很容易引发财务风险。

筹资风险。互联网企业的资产以无形资产为主,上市公司以股价的形式估算无形资产,规模较小的互联网企业无形资产估量很难,导致互联网企业无法获得较广阔的融资渠道,很多企业因此选择风投或众筹融资。这些方式不仅会增加财务风险,还有可能稀释企业自身的股权,也有可能无法有效掌控企业,对互联网企业发展非常不利,必须时刻警惕。另外,互联网企业由于固定资产非常少,资产负债率高,投资者对其缺乏信任。如果不能及时获得投资资金,企业出现资金链断裂的现象就无法避免,企业也就无法有效经营。

投资风险。互联网企业要想发展就需要吸引更多客户,占有更大的市场份额,需要企业不断进行投资。一般在前期投资时,互联网企业都会处于亏损状态,这是互联网企业抢占市场份额的主要方式。一旦占有较大市场份额,企业的后续产品与服务继续跟上,开始收费经营,企业就会快速获得利润。但是前期投资风险很大,如果企业的后续产品跟不上或者被其他企业抢先,企业就会面临巨大的财务风险。当前很多互联网企业都面临着投资风险,也有一些企业的投资无法与收入形成正比,这也是投资风险产生的重要形式。

政府监督风险。互联网企业发展快速且数量众多,政府的监督管理机制与相关的法律法规还无法与互联网企业的发展速度同步,企业的发展缺乏规范性就会影响到互联网企业风险的防范与管控。政府监督机制的不到位导致互联网企业的发展环境受到影响,我国整个互联网企业的发展就不会走上健康发展、良性竞争的道路,从而使企业在国际竞争中面临更大的风险。

三、互联网企业控制财务风险的有效对策

拓展筹资与投资渠道。投资与筹资风险是互联网企业面临的重要资产结构风险,为了提高企业的风险控制能力,企业需要拓展投资与筹资渠道,以更多的渠道分散财务风险,从而达到降低财务风险的目的。在这方面我国政府为了鼓励创业,推出了一系列优惠政策,互联网企业可以积极利用这些政策,开展研发创新活动,推出新的创新产品,扩大投资与筹资范围,例如,低息贷款等政策。当前市场上很多投资者也越来越重视互联网企业及其产品,互联网企业也要抓住这些机遇,积极与市场上的投资者联系,寻求拓展筹资渠道的方式。

保证经营现金流量的有效获取。互联网企业要想取得长远发展就必须保证现金流量渠道的畅通,互联网企业在产品前期投资时需要大量资金的支持,因此,企业必须能够保证经营现金流量的有效获取。在推出新产品时,如果市场上新进入的同类产品较多,企业就需要及时更新盈利产品。最先进入市场就会获得较大权利,如果不同企业的产品相似度较高,在市场上不能尽早占领市场份额,也就无法及时获得经济利润,从而不能保证企业的现金流量获取,企业就可能出现资金链断裂的问题。因此,互联网企业必须特别注重研发创新,同时要密切关注市场上的信息,一旦出现同类产品,企业就只能更新产品或开发新产品,避免资源的浪费。同时,企业还要注重同时开发多种产品,一旦某一产品推出市场的速度太慢,无法获得较大利润,就可以推出其他产品以此获利。另外,互联网企业还要对自身的实际情况有一个准确、全面的把握,企业必须了解自身的优势与不足,积极利用企业资源发挥自身长处,在市场

竞争中保持并不断提升自身的竞争力。

降低成本结构方面的风险。互联网企业的成本结构风险主要表现在研发投入、人才流失与销售费用等方面。互联网企业的发展离不开优秀的研发人才，他们是企业发展的核心，如果企业的研发人才不足，企业就无法获得更多创新产品，企业的发展就会受阻。因此，企业需要根据发展与人才的能力，为研发人员提供上升的渠道，提高薪酬，并不断改善研发人员的工作环境，为研发人员提供较好的研发环境。同时，企业要把大量资金投入到研发领域，如果企业研发资金不足，还可以通过合理的融资渠道获得融资，为研发工作提供资金保障。销售费用也是互联网企业的主要费用，特别是在企业初级发展阶段，需要大量的销售费用扩大市场份额。但是，企业要对销售费用进行合理规划，不能盲目地投入销售费用，避免企业资金的浪费。

优化盈利模式。互联网企业的盈利模式比较单一，如果不能积极创新优化盈利模式，就不能跟上市场经济发展的步伐，企业财务风险发生的可能性就会增加。企业可以把当前常用的广告盈利方式与付费的方式结合在一起，而不是两者单一进行，这两种方式各有优缺点，如果结合在一起可以起到互补的作用。付费方式可以使企业获取更多现金流量，广告方式则可以提高市场占有率。

互联网企业虽然蓬勃发展，企业在全球化的大背景下具有很大的发展机遇，但是从近年来的发展情况来看，很多互联网企业的发展情况不容乐观。这主要是因为企业管理能力不足，有很多企业更是由于财务风险管控不足，使企业陷入了财务危机，阻碍了企业的发展。为了加强互联网企业的财务风险控制意识与能力，互联网企业需要拓展投资与筹资渠道，优化企业盈利模式，提高财务风险管控能力。

第四节　企业财务风险的控制与防范

在企业管理的每个环节中都有财务风险相关的工作，怎样的防范和控制财务风险问题和企业是否能够蓬勃发展有着莫大的联系。然而，财务风险是客观存在的，企业只能尽最大的努力去防范风险，使其对企业的危害降到最低，不可能完全杜绝风险。因此，采取何种方法降低财务风险给企业带来的经济损失，是当今企业有待思考的问题。本节就如何对企业的财务风险进行控制与防范，结合当今企业财务风险方面所存在的问题，从不同角度分析问题，并探析出解决方法，供企业参考。

财务风险是指企业在面临外部环境以及进行内部管控的过程中，遇到的一些不可预测的问题，使得企业的实际收益和预测收益发生偏差的情况。在现如今这个快速发展的时代，环境的不确定性和多变性大大增加了企业财务风险。而又由于企业内部管控也存在问题，使得大部分的企业不能够有效地对企业财务风险进行控制和防范。

一、当前企业在财务风险控制与防范上存在的问题

受外部环境客观因素的影响。财务风险不单单受到企业内部管控的问题，同样影响它的还有企业所处的外部环境。外部环境主要包括：经济环境、市场环境、社会环境、法律环境，等等。因为这些环境很复杂，还具有多变性。它或许可以给企业带来机遇，也或许会让企业处于困境，使得企业财务方面受到损失。但是由于这些环境因素是属于企业不能管控的范围之内的，而企业对它的多变性和复杂性找不到趋势和规律，所以企业往往对于此方面因素束手无策。

这些环境因素不单单对企业的财务方面影响深远，同样对企业的经营管理影响深远。在这些客观环境中，经济环境因素是尤其具有影响力的，它也是最复杂最多变的。例如经济环境的变化产生的汇率变化、产业政策变更等都对企业的经营产生严重的影响。正如 2008 年爆发的全球金融危机，全球的企业，无论大型小型都受到经济环境的冲击，使得多数企业表现出经济萧条状态。由此看来，企业所受的外部环境因素在很大的程度上影响着企业的财务管理。这是当前企业在财务风险控制和防范上存在的第一个问题。

财务工作人员缺乏风险意识。财务风险是客观存在的，不可能完全避免。正因为财务风险不可能完全避免，所以使得财务工作人员对防范风险意识的觉悟不高。因为他们觉得财务风险一定存在，不管如何防范都是无用的。这是财务工作人员对财务风险方面存在的误区，也是他们缺乏财务风险意识的体现。同时，也因为当前我国的财务工作人员受到传统经济的影响和专业教育的局限，他们的专业水平和综合能力都有待提高。他们的财务观念和财务方法，和专业上的判断力和执行力还不能很好地适应快速发展的经济环境。在实际生活中，非常多企业的财务工作人员专业技能不足，没有能够承担起财务风险防范方面的能力，却就职了财务风险防范类的职位。

除此之外，最为重要的就是企业的管理层和领导人对企业风险管理的控制不重视。往往将企业风险管理工作流于形式，做做样子。没有真正的重视企业财务风险防范工作，使得企业出现财务方面的危机，而财务人员的技能缺失又影响了财务风险的解决，更使得企业的经济损失增多。这是当前企业在财务风险控制和防范上存在的第二个问题。

企业缺乏健全的财务预警、御险机制。财务预警、御险机制是通过财务报表、管理计划、有关的财务信息和外部环境信息为根本，通过科学的分析方法与数学方法相结合，预测出企业潜在的财务风险并告知相应的管理阶层。同时需要细节的指出企业管理问题和风险的存在原因以及当前财务工作执行中所存在的隐患，用来警醒企业管理阶层尽早地对潜在风险做出决策和控制。但是，当前我国企业并没有建立健全财务预警、御险机制。主要有两方面原因，一方面是由于企业并没有一个很好的财务管理风险意识。造成这一方面的主要原因是上述讲的财务工作人员风险意识的缺乏。这里就不再累赘的解释。另外一方面的原因是企业没有形成良好的财务风险管理文化，这样使得企业对财务管理的构架和权力、责任没有做到全面的规范，财务管理的权力、责任不明确、管理混乱。加上企业内部工作人员之间缺乏交流，使他们的合作存在障碍。这是当前企业在财务风险控制和防范上存在的第三个问题。

二、当前企业在财务风险控制与防范上存在的问题的解决方法

企业需要加强对外部环境的适应力。企业在面对复杂多变的外部环境时需要加强对外部环境的适应力。企业财务风险对外部的适应主要表现在针对由于外部环境的变化而使企业发生的财务风险，并深入的探究关于环境变化的原因和对企业财务风险方面的影响。企业可以通过派遣专业人员对外部环境进行深入的探索和研究，深入调查并分析和预测出将来外部环境最可能的发展趋势，以此来制定相关的决策方法。结合上述的原因与研究制定出最有效的策略方法来控制财务风险，使得受外部环境影响的财务风险所带来的财务损失减少到最低。同时，在财务风险防范方面，企业就应该关注所处的外部环境，对外部环境的实时动态都了如指掌，并进行及时的分析和探究，判断出潜在外部环境可能带来的风险，制定出相应的解决方法，才能在最大的程度上将外部环境的影响降到最低。除此之外，还要恰当切实的调整财务管理模式和方法，提高企业财务对外部环境的适应力和应变力，降低风险，确保企业的经济效益，促使企业蓬勃发展。

提高财务工作人员的风险意识。面对企业财务工作人员风险意识淡薄的情况，企业要想办法提高财务工作人员的风险意识。最重要的是要从企业管理层开始，只有企业管理层从根本意义上树立起财务风险意识，手下的工作人员才能重视财务风险防范工作。企业可以通过制定相应的培训计划，对管理层进行定期的培训，让其意识到财务风险防控的重要性和不可或缺性，树立起财务风险防控意识，使其加强对财务风险管理工作的监督和管控。另一方面，对于财务工作人员要进行专业知识上的培养，向他们输入最新的、最具有实用性的专业知识，结合现实案例分析，提高

他们的专业素养。同时也要对他们进行培训，并且培训是定期进行的。因为快速发展的市场经济环境具有多变性，只有不断输入能应对当前环境的专业知识，才能够将知识与实际有机地结合在一起，提高财务工作人员对财务风险的敏感度，加强他们财务分析的能力和对财务风险防控的能力，使得他们能够大大提高工作效率，而对企业来说，降低了财务风险的概率，间接地给企业财务带来效益，促进企业的蓬勃发展。

建立健全财务预警、御险机制。首先，针对企业财务风险文化方面，要改善风险环境，培养企业财务风险文化。要明确各个部门的责任和义务，使各个部门尽到最大义务，承担自身的责任。同时，企业还要设有信息传递的途径，加强企业各个部门和单位的沟通，加强工作人员之间的沟通。只有良好的信息交流，才能更好地合作，取长补短，提高工作效率。

其次，健全财务预警机制要从多方面出发。

现金风险方面。现金是财务的基本表现形式。企业要对现金流量进行分析对现金的收支、账款、消费等的变化情况有相当的了解。核实现金的流动时间来提前防范潜在的风险因素，并且提前拟定可供操作的解决方案。除此之外，还要求企业在进行交易的过程中要谨慎的选择交易客户，加强对财务的管理，科学操作，降低现金风险。

存货风险方面。企业要根据自身的交易数额，确定库存物资的最优量。减少闲置库存，加强对库存物资的集中管理。此外，需要加强存货管理，可以通过 ABC 分类来控制，实现存货供应链条的完整。

除此之外，建立健全财务御险机制也同样重要。为了尽最大可能地防范潜在的财务风险，企业一定要有长远的眼光为将来的利益着想，并实行以下措施。

建立起风险转移制度。企业通过某种渠道使单位上或者全部的财务风险转给其他人承受，例如通过给企业投保的方式。

建立企业风险分散机制。以企业分散经营和对外投资等方式分散财务风险。

加强风险相应决策，降低风险。例如，构建财务风险基金，在企业产生风险之前，专门设立勇于防范财务损失的备用基金。

财务风险控制。根据已经发生的财务风险，记录于财务风险方案中，分析案例，探究原因，吸取教训，防止下一次的损失产生。对于已经产生的损失要及时处理，不能长期搁置，给企业发展留下隐患。

总而言之，随着市场经济的快速发展。企业财务风险控制与防范变得越来越重要，在很大程度上影响企业的发展。企业如何处理财务风险所受的外部管理客观因素；如何树立财务工作人员的风险意识；如何建立健全财务预警、御险机制。这就需要企业加强对外部环境的适应和判断；制定相应的培训计划，定期的培训管理阶层和财务工作人员，树立其财务风险意识；改善企业文化氛围、建立健全财务预警、御险机制等。具体的实施方法要结合企业自身的实际情况，并不是所有企业都适用的。如何面对企业财务风险的控制和防范，依旧是企业有待思考的问题。

第五节　纳税筹划中的企业财务风险控制

随着我国市场经济体制的日益完善，企业税务风险也突出表现出来。一般企业30%以上的收益要通过纳税上缴地方和国家财政。但作为财务管理中的重要内容，一些中小企业对于纳税环节的管理还较为薄弱，而这就为企业带来了较高的税务浪费和税务风险，因此，实时跟进税制改革、掌握税法及相关的知识和信息，通过科学地纳税筹划，合理降低税赋及税务风险，提高企业财务管理水平，是企业管理者的必修课。文章据此提出纳税筹划中财务风险控制的一些观点。

一、纳税筹划的重要性

纳税筹划是企业财务管理的重要内容，它是在不违反税法并符合税收政策的前提下，加强企业纳税环节的管理，通过纳税筹划，节约资金提高效益，并降低财务风险中的税收风险，同时发挥税收杠杆的调节作用。因此，纳税筹划对以盈利最大化为目标的市场经济中的企业尤其重要。

节约资金。筹资、投资、营运资金是财务管理的重要内容，现金为王是任何企业都明白的道理，企业的可持续发展过程中，成本和税金是资金耗用最大的两个方面，无疑，成功进行纳税筹划，减少税赋支出，就实实在在的为企业节省了现金流，相对增加了资金来源，同时减少了融资成本，这对企业目标的实现，其作用有时比增加收入形成的利润更直接、更高效。

提高企业综合管理水平。纳税筹划是一项系统工程，大的方面涉及企业战略规划、投资、建设、运营甚至破产清算，小的方面涉及运营环节、成本收入管理和个人薪酬控制等，科学的纳税筹划，必定是建立在系统的规划、核算和财务管理的基础上，且由比较系统的、专业人员动态管理完成的，这一过程本身就是自我修正和管理提升的过程。

利于企业财务管理目标的实现。通过成功的税务筹划，从上至下，先谋后动，加强了对业务流程的管控和财务目标的制定、实施，还可以在外部环境不变的情况下，更好地实现财务管理的目标和竞争优势。此外，在税收筹划下的企业重组并购和业务流程再造，能促进企业优势互补，迅速走上规模经营之路，实现利润最大化，这也是实现企业财务管理最终目标的有效途径。

二、纳税筹划产生财务风险的主要原因

纳税筹划对企业发展的好处显而易见，但实施过程中也存在风险，主要原因有以下几个方面。

征税与纳税的目标不完全统一。从国家宏观经济的角度来看，税收是国家治理的基石，税制改革直接关系到国家治理体系和治理能力的现代化。《中华人民共和国宪法》规定：中华人民共和国公民有依法纳税的义务。这表明我国税收具有强制性、无偿性、固定性的特点，依法纳税是企业的基本义务。所以一切的不按税法要求的缴税行为，都是征税者不允许的，也必将受到不同程度的处罚，这里包括有意的或无意的行为。而从纳税者角度讲，资金、成本和利润是企业经营管理和会计管理的三要素。减少资金投入、降低成本、实现利润最大化，是企业追求的目标，所以税收筹划必将成为企业理财的一个重要领域，是使企业整体利益最大化的一种手段，其最终目标是降低税赋，减少资金支出，这初始的原动力与国家税收强制性产生差异，服务直接主体不同，目标不完全一致，必然会形成财务风险。

政策理解的不准确和逐利的侥幸心理。企业在实际纳税过程中，经常会发生会计确认与税法确认的不一致性。这种不一致性为企业带来的损失一般可以分为两种：未按照税收政策的规定足额纳税，这会导致企业面临罚款、征收滞纳金甚至承担法律责任及声誉受损等；或者因为没有充分的理解并运用税收优惠政策，企业面临着较高的税负，这种不必要的财务成本也是一种损失。财务人员专业技能不精、政策掌握不准，甚至因利益驱动而故意忽视风险、心存侥幸等都是导致不一致性的因素。

财务人员业务水平的不适应。税制的改革，必然产生税务与会计的衔接问题，历年的财务检查，出现问题比较多的也正是改制后的一段时间。而这种不适应性体现在财务人员自身与外部环境两个方面：一方面，会计制度的变革、税法的修订，对于财务人员的专业学习能力提出了较高的要求，专业技能不精，不具有快速领会新的会计准则、税法的能力和与时俱进的意识，财务人员就有可能无法适应未来的财务工作，特别是纳税筹划的相关工作；另一方面，大数据时代下金税三期的开通，使税务部门通过信息化手段实现了国地税之间、各地税务机关之间增值税发票信息和数据的共享与互通，在这个背景下，监管部门可以利用更有效的工具对企业的纳税情况进行监管，

更严的税务监管环境势必会为企业带来更大的涉及纳税方面的财务风险。

三、纳税筹划的财务风险控制

坚持合法性原则。市场经济下的企业以获得利益为最终目标,但是企业的经营行为必须在合法的前提之下,企业的经营者也应该将企业的目标与国家的税收目标相统一起来,在制定企业财务目标的时候将税收层面充分地纳入筹划中,否则,企业非但不能获得最大收益,反而会承受损失甚至因违反法律而被迫破产清算。避税、减税虽然与偷税、漏税仅一字之差,但是带来的结果却是完全不同的,虽然在纳税筹划中,二者之间并不存在一个明确的界限,但是实际操作中坚持符合税法及相关政策的规定,就会降低税收筹划所带来的财务风险,并为企业带来持续的收益。

加强财务人员的管理。针对财务人员业务技能不精、业务水平不适应新的制度及准则的情况,企业可以将相关内容作为雇用财务人员的考核标准,并定期进行业务技能培训、考核等,同时设置税务管理专门岗位,配备税务师等人员,加强财务人员的专业技能和适应新的税法及准则的能力培养。同时,针对少部分因为利益而不按照税法准则要求处理业务的员工,企业可以制定更为详细、严格的内部控制制度,确保人员按照企业的规章制度处理业务,降低纳税筹划过程中不必要的财务风险。

避免过度筹划,坚持成本效益原则。纳税筹划的成本包括实际成本、机会成本和风险成本。有些情况下,虽然某种纳税筹划方案理论上可以降低实际成本,但有可能使企业承担更多的机会成本、风险成本。最简单的例子就是企业过度纳税筹划,造成偷税、漏税,使企业承担的风险成本远高于节约的实际成本,得不偿失。因此企业在制定实际的纳税筹划策略时,要综合考虑是否能给企业带来绝对的利益,这就要求决策者站在企业整体利益的角度来评价纳税筹划策略,避免舍本逐末的纳税筹划行为。

加强发票管理。财务管理中,现金为王;在税务管理中,发票为王。在我国,发票在财务核算和税务审核中发挥着不可或缺的作用,合法取得和开具发票成为纳税链条中最重要一环,90%以上的纳税风险都是发生在发票环节。特别是营改增后,增值税发票的作用更是达到前所未有的高度。同时,国家通过金税三期工程也加大了增值税发票的管控力度。发票作为企业纳税的重要凭证,只有经过妥善的保管、准确的取得、严格的开具等多道程序,才能确保企业按照税法的要求正确纳税,否则,脱离了发票,企业纳税管理也会变得混乱无序并最终承担较高的风险成本。

总之,纳税筹划是企业必须为之的管理行为,但如何筹划却是科学严谨的财务行为,降低风险取得实效是纳税筹划的最终目标。

第四章

大数据时代
互联网企业财务风险控制

第一节 大数据与互联网企业财务风险预警

随着互联网和信息技术的快速发展,大数据时代已经到来,对我们的工作和生活带来了很大的影响。对于企业的发展来说,提高财务管理的工作水平非常重要,特别是面对财务风险及时做出对策是重中之重。大数据时代为企业的财务风险预警带来了很多机遇,本节第一部分介绍了大数据在企业财务风险预警中的意义,以及对企业发展产生的重要作用。第二部分分析了在大数据背景下,企业财务管理所面临的新问题。最后,为了降低企业财务风险,提高企业财务管理水平,针对存在的问题提出了具体解决措施。

一、大数据在企业财务风险预警中的重要意义

大数据运算是采用多样的方式和手段来获取更大范围的数据信息,使信息的反馈更加全面、客观、准确,方便信息使用者以及决策者做出正确的研究和决策。目前大数据运算在企业中被广泛地采用,大数据运算能够帮助企业更好地了解经济发展大环境,以及企业自身的财务发展状况,做出更有效的决策。大数据运算在企业财务风险预警工作中表现出较强的应用价值,具体表现在以下方面:一方面,大数据运算能够完善和弥补过往企业财务风险预警采取方式的不足和缺陷,过往企业财务风险预警,数据的来源多数是企业的财务工作者,认为企业的财务风险预警,只有企业的财务工作者才能做出针对企业全面、客观的财务风险预警,且认为企业的财务工作者是企业聘请的高端人才,经验丰富并且对企业财务状况了解,预警的结果更能反映企业财务风险真实情况。但实际上,首先,财务工作者获取信息的范围,如果仅局限于企业内部,不了解经济发展的大方向以及整体情况,会导致预警的全面性不足,从而发生偏差。其次,职业素养不高的财务工作者,可能会受人指示做出不真实的财务风险预警报告,隐藏企业的真实状况。另一方面,大数据运算本身具有较强的

优势,吸引企业的目光。大数据运算本身获取信息的渠道具有独有的丰富性和全面性,可以促进企业财务风险预警,既贴近企业的实际发展情况又符合经济发展的大方向,能够进一步提升企业财务风险预警想要达到的效果。

二、大数据背景下存在的企业财务风险

(一)财务管理工作观念守旧,缺乏创新意识

在经济全球化趋势日益明显的今天,要求企业必须对自身财务管理随之做出相应的改革,企业的财务管理内容以及目标要做到顺应经济全球化的发展要求。要求企业采用大数据分析,企业财务管理的日常活动要从过往简单地以核算为主的基本职能向能够为企业决策提供财务分析的决策职能转变,即从提供数据到加工数据的转变。而目前我国大多数中小企业财务管理观念依然滞后,财务人员没有主动向决策职能转变,多数是在决策者的要求下被动的进行。由此带来很多问题:企业的资金链是否顺畅无法及时得知,对保证企业生产的连续性和稳定性有很大的影响;对于企业的生产销售情况,单纯整体的进行体现,缺乏各阶段的反映,导致企业可能会在淡季生产大量产品产生亏损。会计电算化的发展仅仅是大数据时代下完善企业财务管理的首要环节,但许多企业认为这就足够了,阻碍了大数据在企业的发展。

(二)技术水平不高,缺乏具备综合能力的人才

从目前的形式来看,大数据已经成为社会发展的重要内容,并逐渐演变成国家发展的主流趋势。但是,我国的大数据技术水平在很多时候并没有满足企业发展的要求,企业财务管理信息化正在面临很多大数据时代的技术问题。一方面,我国很多大型企业无法在财务管理中将大数据的应用扩散到其他企业中,企业间的数据信息共享能力较差。另一方面,大数据财务管理方面的软件技术不成熟,不能和企业的发展形成更好的对接。也就是说,企业的财务管理工作内容不能与大数据进行更加有效的融合。在财务管理工作中,很少有企业能真正做到聘请综合能力很强的专业数据分析人才,从而也就不能对财务数据进行合理的分析和整理。很多情况下,企业高层管理人员仅仅是根据财务报表来进行分析和决策,影响了决策的科学性。

(三)财务管理信息的共享性不强

在企业内部,各部门之间的信息多数流动在本部门的内部,其他部门想要了解其信息需要长时间沟通,这也就给企业财务信息系统的建设产生了很大的阻碍,造成了企业信息流动性差与业务流程对接烦琐等问题。使企业形成信息流动性差问题的

主要原因体现在以下两个方面。一方面,企业各部门之间在企业经营活动中,多数是独立经营的个体,在财务上都是分类核算最后进行汇总的,这就造成了企业各部门之间在沟通上没有形成自觉进行信息共享的习惯。所以财务部门想要了解企业其他部门的情况,需要很长的时间沟通过程,就不能及时地掌握各部门的财务状况。另一方面,我国多数中小企业并不具备"大数据"管理系统或仅仅应用在财务核算上,而不在各部门都进行应用,不方便信息的大数据化进行共享应用,这就进一步导致了企业内部财务管理信息共享性差。

（四）企业缺少信息资源框架的构建

从目前的形式来看,我国的大数据信息处理应用非常广泛并且有效,对于应对企业财务信息处理等方面的工作具有促进作用。但是,我国很多企业缺少对信息资源的系统框架建立,没有一个科学的大数据信息资源管理系统。此外,企业缺少相关的软件技术来为财务管理提供可靠的管理机制和控制手段,也就不能做到财务信息的客观性和科学性。因此,企业缺少信息资源框架的构建,不易于财务管理工作的安全进行。

三、大数据背景下加强企业财务风险预警的对策

（一）积极建立与大数据概念相融合的财务管理创新观念

建立与"大数据"概念相融合的财务管理观念,一方面,对于企业来说,大数据时代下财务管理观念的普及,首先,各部门之间可以通过"大数据"管理系统,相互之间获取对等的信息,增强了信息的真实性和共享性,可以及时发现并解决企业各经营阶段出现的问题。比如,目前企业需要降低生产成本,通过"大数据"管理系统,可以及时调出各部门的信息并进行分类归集和整合,能将各部门对应的信息数据及时分解到对应部门并整合提供给决策者,从而提升企业组织整合资源的能力进而降低生产成本。其次,可以简化明确业务流程,对合同的签订、项目的进度、以及项目各阶段的回款情况都可以一目了然。最后,将大数据的概念融合到财务管理中,能够形成动态科学高效的管理模式,规避企业财务风险,帮助企业建立长期的发展目标。另一方面,对财务工作者来说,第一,财务工作者只有明确大数据时代对其由核算基本职能向决策职能转变的要求,充分认识到建立与"大数据"相融合的财务管理观念,对企业和其本身发展的重要性,自觉地把"大数据"概念融合进财务管理观念中,才能更好地为企业服务,提高自身综合能力。第二,大数据时代下,财务部门通过"大数据"管理系统,可以随时获取最新的数据信息,比如生产部门的用料、工时、库存情况等。

减少了财务工作者收集信息的时间,提高了财务工作者的信息统计和基础核算工作的效率,其高效归纳和整合各部门信息的功能,为财务工作者向决策职能转变提供了真实、客观、便捷的平台。

(二)全面提高财务管理人员的综合素质

在大数据的时代背景下,面对多样性特点的数据信息,财务人员不仅要掌握处理财务管理方面问题的专业水平,具备财务核算问题的监督职能。还要掌握管理会计的专业知识和实践技能,真正做到对数据的加工能在最短时间内分析出有价值的数据信息。财务人员掌握企业的流程业务,帮助企业在市场中得到最优化的商业价值。大数据时代下,财务人员要全面提高综合素质,实现企业快速有效发展的目标。首先,面对客户和业务方面的问题时,财务人员需要做到对客户的资金流程进行系统的加工分析,全面的掌握整个过程。财务人员要充分发挥财务的参谋作用,减少在资金流程问题方面各种问题的出现,提高企业的经济效益。财务人员要积极做到实现产品的最大价值,以及客户资源的优化配置,促进企业的价值最大化。其次,在面对企业战略措施方面的问题时,财务人员需要树立创新意识,并对财务管理工作进行创新发展。在这一过程中,财务人员还要以提升企业价值为主要的工作理念,运用商业模式和产业价值链等方面的管理知识,对企业的财务管理进行科学的、系统的分析,全面为企业制定最佳战略,从而促进企业快速发展。最后,在企业运营方面,财务人员要集中对财务进行合理管理,提高财务管理工作的效率,充分发挥财务管理在企业发展中的重要作用。还要减少财务管理方面的层级,增强企业对财务的管理工作力度,从根本上提高对财务管理的工作水平,最终增强企业在市场经济中的综合竞争力。

(三)加快推进企业财务信息管理全面化的建设进程

为了避免信息共享性不强这样的现象出现,推进企业信息管理平台全面化建设是非常有效的措施。信息全面化能够将企业所有的价值链连接起来,其中包括财务管理的基本活动工作和辅助活动内容。企业的所有部门在进行日常工作活动过程中都离不开对资金的使用,财务信息管理全面化可以让企业更加多层面,全方位的进行财务调查与财务反馈以及财务监督。减少财务漏洞等情况的发生,将人为信息汇总变成数据信息管理,提高财务管理的水平。企业建立大数据资源储备机制,与信息共享体系,能够促进财务管理工作的及时性和精确性,推动企业财务信息资源的高效运转。与此同时,企业在对财务信息管理进行全面化的建设时,还要对财务资金进行有效的统一管理,这就要求企业财务管理的工作内容和工作责任落实到各个部门以及工作人员身上,增强企业工作人员的工作效率和责任意识。这有利于加强企业深化改革的工作进程,优化财务管理人员的工作结构,从而规范企业员工的工作活动,推动企业现代化进程。

(四)建设企业信息资源的系统框架

2015年第十三个五年规划的提出,我国从首次提出实施国家大数据战略开始到现在,大数据在观念、技术等方面取得了越来越多的发展成果。一方面,企业需要找相关的软件公司,招聘计算机方面的人才,并成立信息技术开发部。企业要积极支持科研创新项目工作,通过一系列的可靠性技术,例如硬件备份、负载均衡等技术。与相关软件技术提供的管理机制和控制方法相配合,同时,财务管理人员要在数据信息服务层、数据应用服务层,以及信息公开层上建立起满足企业财务管理需求的先进系统,为财务管理提供有效的帮助。另一方面,企业要积极建立一个满足内部控制制度的安全管理系统,增强财务管理的安全性,同时也能提高内部管理的可靠性,为企业的财务发展提高良好的客观基础,从而推动企业的健康发展。

随着大数据时代的到来,对政治、经济、文化、日常生活等都有一定的影响,由此可见,大数据对于人类文明的发展是必不可少的新资源。与此同时,大数据时代对企业的发展也有一定的意义。众所周知,财务管理对企业的发展来说非常关键,如何处理好企业的财务相关问题对企业来说是需要慎重处理的问题。据实践研究表明,在企业财务风险预警中应用大数据,对提高企业利益最大化有一定的积极作用。虽然从现阶段来看,大数据时代的到来对于企业的财务管理来说机遇与挑战并存,但是随着不断的改革与创新,相信大数据越来越会为企业的财务管理做出重要贡献,促进企业的有效发展,从而推动我国经济的又好又快发展。

第二节　大数据时代的互联网企业财务风险防范

随着互联网等信息化技术的崛起,我国企业在生产经营管理方面进行了巨大的改革,同时,多元化经营及外界环境的不断变化也使企业面临着极大的财务风险。企业如何通过有效的防范手段降低财务风险是摆在企业面前亟待解决的问题。文章通过对大数据时代下企业在财务风险防范与控制中存在的不足进行分析的基础上,提出新时代下企业提高财务风险防范与控制水平的措施。

一、大数据时代背景下，企业财务风险防范与控制的重大意义

大数据时代下，企业需要将大量的资金用于采购、投资等重大经济事项，每项经济业务同时也伴随着巨大的财务风险，一旦企业未能及时对财务风险进行识别并采取有效措施，就将使企业蒙受极大的经济损失。而目前，互联网、大数据、云计算等高科技技术手段不断为企业生产经营、会计核算等提供着准确、及时的信息支持。特别是企业财务人员通过大数据处理后，将会取得有关企业盈利、资产周转等方面的同类数据，通过将数据与其他企业进行对比，可以帮助企业管理层及时了解潜在的财务风险，为财务人员制定财务风险防范措施及预警提供科学的决策依据与分析数据，使企业在变化莫测的市场经济环境中能够健康、有序地发展，并最终获得经营利润。

二、大数据背景下企业财务风险与控制中存在的不足

（一）企业中仍然缺少财务风险防范与控制人才

财务风险的识别、分析与防范既需要企业财务人员懂得会计基础核算知识，还应对财务管理、管理会计、内部控制、财务报表分析等知识有所掌握，特别是要能够熟练掌握互联网、ERP综合信息平台查询与分析等信息化手段的使用。而在实际工作中，企业为了减少财务人员岗位设置进而降低人力资源管理成本，指派没有工作经验的年轻大学生或年纪大、学历低的非财经专业人员担任财务风险分析工作，面对各种各样的财务风险，其工作人员束手无策。不仅如此，专业技能的不足，导致其相关技术的应用有误，进而影响大数据的准确性，为公司的决策与发展带来不必要的损失，导致企业的发展前景受限。

（二）多数企业对财务风险防范与控制未能给予必要的重视

虽然大数据背景下财务风险防范与控制对企业生存与发展具有重要的意义，但一些中小型企业管理层一味地将工作重心放在扩大产品销售、降低行政管理成本等方面，未能提高财务风险防范意识。因此，企业财务人员在开展财务风险防范工作中常常会受到其他部门、员工的阻力，无法保证财务人员及时、准确地收集到的部门数据，影响了财务风险防范与控制工作的效率与效果。同时，在实际工作中，个别企业缺少或根本没有相关的专业指导与行为规范，使大数据技术无法得到更为优良的应用，直接导致企业财务风险预警工作无法继续，严重制约了中小型企业的发展。

（三）企业财务风险防范与控制方式与方法有待创新

在大数据时代背景下，多数企业能够按照管理会计要求，使用信息化手段提高财务风险防范力度，但由于财务人员专业能力、管理层重视程度等原因的影响，尚存在着财务风险防范方法陈旧等问题，在一定程度上影响了企业财务风险防范与控制的效果。例如，个别企业在选聘财务风险分析人员时，多以在办公室从事行政管理的工作人员到市场上获得外部数据，并将此数据提供给财务人员作为财务风险分析的依据，在这种风险防范过程中，对工作人员的专业性及适应性提出了较高的要求，多数企业尚没有合适的相关工作人员进行方式的创新应用，导致在实施工作时能够被选择的工作开展方式逐渐减少，由此引发相应的恶行循环，最终将企业财务风险预警的发展置于极为被动的境地。

三、大数据时代背景下企业财务风险防范与控制的有效措施

（一）不断提高企业财务人员综合业务能力

从选人用人方面。目前，多数企业在选聘财务人员时仍以学历、工作经历作为衡量标准，对其业务能力并没有较为具体的了解，故而在实际工作中无法发挥其岗位效用。在进行财务风险预警工作人员的招聘时，要对其进行相应的能力测试，要求其具备基本的专业能力，并能够对工作形式与状态进行创新应用。

从财务人员业务培训方面。随着互联网等信息化技术的快速发展，企业财务风险防范的技术也在不断变化与改革中，企业应通过对财务人员进行业务培训，以提高企业财务人员风险防范意识与业务能力，使其更好地为管理层决策提供风险防范数据，确保企业生产经营的可持续性发展。

从财务人员思想意识方面。财务人员不仅需要掌握大数据背景下财务风险防范的技能，还需要从思想上积极发现风险并主动学习防范手段。因此，企业通过对财务人员职业道德进行有效地提升，通过工会、企业文化建设等方式促使财务人员形成良好的风险防范意识。

（二）在企业内部树立正确的财务风险防范与控制意识

在大数据背景下，企业管理层应越发重视风险防范与控制工作，从防范制度、意识、经费等方面给予一定的保障。首先，企业管理层应从思想上重视财务风险防范与控制的作用，注重对企业内部其他部门与员工意识方面的培养，使企业内部形成良好的风险防范意识与氛围。其次，根据自身生产经营特点制定内部风险防范与控制

制度体系,通过制度将防范责任落实到每个部门与员工身上,使其不断提高财务风险防范的意识。最后,通过考核、奖惩制度督促各部门、员工认真执行财务风险防范制度。在具体风险防范与控制工作中,其为企业带来的效益与便捷是有目共睹的,在该种发展状况中,相关的工作人员会逐渐加重对其的重视程度,全面提高大数据时代下企业的财务风险意识,为其相关工作的开展提供更为便捷的环境,并能在较大程度上拓展企业的发展空间。

(三)利用大数据等信息化手段创新财务风险防范与控制

一是在企业内部成立专职的财务风险防范部门,专职负责使用电子计算机与互联网收集财务人员分析数据,并对相关数据进行汇总、分类与安全保存。二是具有一定计算机、互联网技术的部门应及时通过大数据收集财务人员分析所需的数据,并通过与同行业对比、与企业不同期间对比及时发现企业潜在风险,为企业管理层制定风险控制措施提供必要的数据支持。长此以往,企业各部门及财务人员将形成良好的财务风险防范意识,不断为企业降低财务风险出谋划策。三是企业在开展该项工作时,要尤其重视数据化分析时对风险因素的甄别。企业在开展该项工作时,只有强化该排查能力,才能将风险预警工作的实际效用做到更大发挥。做到强化企业的发展,优化企业的工作创新能力。

就目前企业财务风险防范能力而言,一些大型国有上市公司具备了一定的风险防范与控制能力,董事会等管理层已经开始重视财务风险防范作用发挥与队伍建设,而一些中小型企业出于运营成本等方面的考虑,仍未对财务风险形成有效的防范意识,尚未能及时发现企业在生产经营过程中面临的潜在财务风险,一旦企业无法及时通过防范措施化解风险,将使企业面临极大的经济与生存风险。文章针对以上问题,在大数据背景下,对企业财务风险防范与控制意识不足及采取措施展开了研究,针对其现今存在的问题进行了系统的分析,提出了强化工作人员的专业技能并提升其综合素质、强化企业全体工作人员的财务风险预警意识、合理应用大数据技术对财务风险相关的工作方式进行创新改革三方面的优化建议。

第三节　大数据时代互联网企业会计信息化风险

随着互联网信息技术的发展,信息正在变得越来越重要,人们逐渐进入了大数据时代。为了有效提升企业的财务管理水平,不少企业已经开始在财务管理中应用信息技术,通过信息技术的应用提升企业会计信息化的处理效果。虽然会计信息化给企业财务管理带来不少好处,但是也存在着不少风险,本节针对这些风险制定了相应的防范措施。

一、会计信息化的概念

会计信息化是指企业在处理财务工作之时,利用信息技术来处理相关的信息,对会计信息进行检索、分析和存储,以便为企业财务管理提供更加细化的管理信息。基于信息技术处理效率的精确性和高效性,会计信息化技术能够帮助企业管理者进行财务决策,制定优化处理方案,从而提升企业的整体财务管理质量。在大数据时代下,信息的大规模传递已经成了一个普遍的现象,信息变得越来越复杂多样,单靠人为处理很难取得良好效果。因此,会计信息化其实是大数据时代下企业会计管理的必然趋势,企业要想在日趋激烈的市场竞争中立于不败之地,就必须重视起信息化的建设,提升信息化技术应用的深度与广度。

二、大数据时代企业会计信息化存在的风险

数据来源的风险。企业在利用信息技术进行财务处理之时,需要先接收大量的外来信息,再对这些信息进行分析处理,得到反馈结果,以此开展财务活动。但是在大数据时代下,信息处于一种大爆炸状态,信息的数量繁多复杂,呈现一种海量信息的状态,而内容却又良莠不齐,得不到保障。如果企业接收的信息不准确,就会导致信息的处理结果不准确,严重影响到企业的财务管理,给企业的决策带来误导,不利于企业发展。因此,虽然信息技术在很大程度上提升了会计工作的效率,却也容易因为海量的不可控信息造成失误,数据来源的风险是企业会计信息化存在的重要风险。

信息系统的安全风险。企业在利用信息技术处理财务工作之时,就必定要借助于信息系统,通过信息系统去处理复杂的会计信息。信息系统对于企业会计信息化具有关键的作用,如果信息系统出现问题,整个会计信息化工作就会陷入瘫痪,因此加强会计信息系统的建设十分重要。但是目前我国很多企业的会计信息系统开发的还不是很完善,存在不少缺陷,这些缺陷在时刻威胁网络安全的病毒面前显得十分致命,一旦一些居心不良的人利用系统的缺陷,对企业信息系统发动攻击,企业的信息安全就会受到严重损失,进而直接影响到企业的正常运行,甚至使企业遭到灭顶之灾。

运营风险。在利用信息化技术处理会计工作之时,会计工作者还需要依靠计算

机和网络技术，二者缺一不可，如果在运营期间，网络中断或者是计算机出现问题，企业会计工作会直接受到影响，导致运营过程中出现风险。另外，在会计信息化运营过程中，有很多的会计信息需要传递共享，如果这个时候出现故障，整个财务工作就只能强行停止下来，数据信息的收集、分析、传递就可能需要重新操作，大大降低了工作效率，造成损害，尤其是对于一些紧急的财务处理工作，这样的风险会造成更大的危害。

操作风险。我国传统的会计管理更注重实践操作，导致会计从业者的理论知识水平不足，尤其是在大数据时代下，信息化技术大规模应用，这些会计工作者大多存在着会计基础知识欠缺、信息化技术应用能力不足的情况，会计工作者职业技能不足，缺乏有效的理论指导，就容易导致舞弊行为的发生，造成信息化操作的失误。

法律风险。现代社会中，任何行业想要取得良好发展，都需要强有力的支持保障，这种保障不仅仅是企业自身的风险应对能力，更需要相关行业规范标准和法律保障。我国会计信息化发展时间比较短，虽然取得了一定的成绩，但是仍然处于初始发展阶段，各方面的规范标准还不太成熟。虽然国家已经颁布了《企业会计信息化规范》的法规制度，以此规范会计信息化的发展，但是仅凭这个单一的不成熟的法规条文是远远不够的，很多细节方面依旧没有明确的规定，不法分子仍旧可以利用法律漏洞，做出一些损害企业利益的事情。而在现行的《会计法》中，关于会计信息化的内容更是少之又少，完全不能对会计信息化产业形成一个系统的规范管理。对于应变风险能力差的企业来说，这些不完善的法律法规很难达到法律规范效果，自身的合法权益不能得到有效保障，企业内部会计信息化的发展热情也会备受打击。

三、大数据时代下企业会计信息化风险的防范措施

完善企业会计管理制度。对于企业会计信息化工作中由于一些不当操作而导致的风险，企业应该建立起完善的企业会计信息化管理制度，对企业的财务活动严格规范。管理者要深入了解企业的财务工作，分析财务管理过程中存在的风险，并依据风险制定相应的管理制度，严格要求会计工作者按照标准规范去操作，降低会计风险的发生率。管理者需要注意的是，在制定制度的时候，一定要清晰了解企业自身的运营状况，保证制度能与企业实际情况紧密吻合，确保制度行之有效，切忌不根据实际情况，盲目制定管理制度。制定管理制度之后，还要保证管理制度能够真正发挥它的作用，管理者可以派遣专门的监督人员对制度的执行情况予以监管，及时发现问题、解决问题。最后需要注意的是，管理制度并非一成不变，企业管理者应该以企业实际情况的变化，灵活调整管理制度，让它变得更加贴合企业自身发展。

提高会计工作者的综合素质。会计信息化虽然通过大规模使用信息化技术来处理会计工作,让会计工作者的工作内容大为减少,但是究其根本还是需要人为操作,信息系统并没有达到全智能无人操作的水平,因此人为操作的风险因素绝不可小视。新时代环境中的企业会计管理工作,由于很多旧式的会计从业者不能很好适应会计信息化操作,观念和做法依旧停留在传统的会计管理之中,这对于会计信息化的发展极为不利。企业应该加强对会计工作者的培养力度,对其进行信息技术的知识与技能的操作培训,让他们能够尽快胜任信息化时代的会计管理工作。

加强会计信息系统的建设。会计信息系统是实现会计信息化的基本载体,一旦系统出现风险隐患,就会严重影响到企业会计工作的有序开展,为了降低企业会计信息系统中的风险,企业应该进一步优化信息系统,加强信息系统的建设。对此,企业应该积极引进先进技术,将系统进行升级更新,如果有实力的话,还可以自己投入成本进行系统建设的研发,根据企业自身特点量体定做最适合企业财务管理的会计信息系统。同时,为了增强信息系统的维护和管理,企业还要积极引入专业的会计管理人才,并提升员工的相关理论知识与技能,增强自身的会计信息系统运维能力。

完善相关的法律保障。针对目前会计行业法律法规不完善的局面,立法机关应该在《会计法》里面及时增加一些内容,完善对会计信息化的法律保障,并随着行业的发展不定期修正法律法规。针对会计行业细节管理缺乏的状况,相关法规里面可以增加一些对会计信息系统的安全认证、检测和风险评估的内容;增加对会计信息化相关人员违法行为的惩罚条款等。而基于我国相关法律法规制度建设经验不足的情况,政府和立法机构可以适量借鉴发达国家的经验,依据中国的行业标准,制定一些符合中国会计信息化发展的法律法规,并建立完善的执法制度,确保有法可依、有法必依。

第四节　大数据时代互联网企业信息系统内部控制

由于互联网的普及,在大数据信息时代下,企业通过大数据信息可以及时了解到相关的风险信息,同时也面临着新的风险,对于一个企业而言,财务是企业的心脏,通过大数据的信息,可以直接或者间接地反映出企业的运营状况,从而有利于提升企业对财务的内部管控,避免企业财务中出现的风险隐患,有利于企业的良好发展。

大数据时代的信息系统管理,有利于企业控制内部可能发生的风险,通过提升企业信息系统的内部风险管控,可以使企业在竞争激烈的市场中得以生存,从而使企业的风险率降低，最终实现企业的战略目标，但往往企业内部由于内控控制的环节比较薄弱，导致企业在面临风险的过程很难正确利用大数据信息，因此在当今社会，企业只有真正掌握利用大数据，才能通过企业内部系统进行风险控制，实现企业的最终目标。

一、大数据时代和企业内部控制的概念与特征

大数据指的是超出普通数据库存储，这是因为大数据具有庞大而又复杂的特性，普通的计算机根本很难处理这样的信息数据，所以大数据具有多样化的特性，并且这些数据具有流转性和动态体系的特点。随着当今世界各国之间的经济已经连为一体，因此大数据还具有全球化的特性，其复杂程度与信息量超出了我们普通的认知，虽然大数据非常庞大复杂，但同时也给企业的管理带来了一定的优势，只要企业能够很好的应用这些大数据资料，就可以避免市场中带来的风险，从机遇中寻求发展，使企业在市场中立于不败之地。

而大数据时代下，数据具有以下特征：数量大、种类多、传递快、真实性强、价值高。这些新特征要求企业必须应用更为先进的系统和方式去应对大量的数据转化成信息，信息的效率越高越准确，越有利于企业对内部控制进行把控，对风险进行更为清晰的预测。

在企业内部的控制中，企业通过董事会和各级高层管理者之间的共同活动，可以有效地评估企业的活动、信息和风险要素等，从而为企业的财务报告提供可靠性的评估。通常情况下，企业在开展内部系统信息管理控制工作的时候，都希望通过循序渐进的方式将企业内部的管理逐渐展开，通过内部控制的方式，实现企业资源的最终获取，通过形成高效的组织策略，对于企业向着健康的方向发展有着至关重要的作用。因此通过企业内部信息系统的控制，会使企业财务随着信息化的水平得到有效的提高，也会使企业对信息化的依赖程度提升，最终减少企业风险发生。

同时，财务管理人员在内部控制上的技能也出现转变，财务人员更加具有灵活性，传统的人力为主的管理系统已经转变为以云计算平台、财务共享中心、大数据内部控制新阶段等为主的便于操作的智能系统，内部控制的水平和效率也直线上升。

二、大数据时代企业信息系统内部控制风险的必要性

（1）大数据时代，通过互联网的方式使信息化具有存贮、收集、管理和分析等特点，通过大数据的特性，可以直接给企业提供所需要的资料，从而使企业的发展和运行具有重要的机遇和挑战，所以在大数据时代下，企业信息系统内部利用大数据可

以很好地将企业中存在的问题以信息化的数据方式展现出来，通过大数据，使企业能够结合自身的情况进行风险规避，能极大的减免企业风险，使企业在市场竞争中保持屹立不倒。

（2）信息安全是通过数据加密的方式传送给企业相关的使用者，但随着互联网的普及，信息安全与企业经济活动之间有着重要的联系，企业信息系统内部控制风险的目的是为了保护企业的信息资产安全，确保信息具有完整性和准确性，从而有效地提高企业的运行，确保企业面对风险具有一定的应对措施，所以通过企业信息系统内部控制风险，可以极大的确保企业信息不被泄露出去，有利于企业的发展。

三、大数据时代企业信息系统内部控制中可能存在的风险

（一）企业内部系统控制中缺乏网络防控措施

由于在大数据环境下，网络数据处于开放性的状态，在网络上，有些数据中存在着木马病毒，如果企业内部系统的控制中缺乏对资料的杀毒措施，就有可能导致木马病毒入侵到企业的内部网络当中，尤其是在企业财务系统当中，财务数据和业务数据一旦泄露，给企业带来的后果将是灾难性的，因此企业内部系统控制就必须构建安全的网络防火墙设施，这是企业防止信息泄露的前提条件，同时对于企业的信息数据需要进行加密，避免企业信息尤其是财务信息的泄露。

例如：西北某家液压管件公司中，由于公司属于中小型企业，所以公司在内部系统管控中缺乏相关人员负责公司的 U8 系统，而该公司每年进口世界优秀品牌液压胶管种类繁多，所有的数据记录全部按照公司内部的 U8 系统为主，通过 U8 系统，公司可以很好地实现对进口材料的管控，但当今社会是互联网的时代，一旦公司的 U8 系统受到黑客木马的入侵，就会导致公司内部系统数据的泄露，给公司造成难以挽回的经济损失。

（二）人员因素引起的风险

在大数据环境下，如果企业人员的专业能力和个人素养不够高，就会导致企业在面对风险的时候难以应对。例如企业的财务管控中，当企业出现突发风险状况时，企业财务人员如果具备丰富的财务知识，通过对企业财务数据的分析计算，再利用大数据模式就可以估算出企业当前财务状况，以及产品盈利与生产成本之间的利润，可以极大的提高企业应对风险的情况，但如果企业相关人员个人能力和素质较低时，就难以应付这种突发状况。因此在当今社会竞争激烈的市场环境下，企业需要对相关人员进行大数据知识的培训学习，从而加强企业员工的认知度，对于那些部分

企业而言，如果没有自身内部的系统或者缺乏先进的大数据知识培训，一旦财务出现数据错误，将很难及时得到纠正。与此同时，这些企业又缺乏财务数据的管理，那么企业将面临的风险程度会大幅度的增加，可见在大数据时代下，如果企业内部信息控制出现失误，财务部门就很难应对突发风险，甚至还有可能使企业面临破产的可能。

我们继续以上述这家西北液压公司为例，由于该液压公司属于中小型企业，所以在企业人员的调配中，有着明显的不足，公司财务管理人员几乎属于一人身兼数职的方式，这也是企业内控薄弱的一个原因，当液压行业风险来临时，该公司财务人员根本就没有能力及时利用大数据的方式去估算企业将要面临的风险，所以针对液压行业的风险，根本无从下手，使得企业很难承受行业风险带来的经济损失。

（三）软件因素引起的风险

对于企业系统内部进行控制中，软件风险涉及软件的编码与测试等方面，由于软件主要是对数据进行处理和加密，所以通常情况下，软件一般很少有储存量较大的数据资料，企业通过数据软件对企业内部的数据进行加密储存。通常市场上常用的数据文件有 HDFS 等，可以有效地将数据资料进行编码汇总，从而防止数据的丢失，在企业软件所涉及的业务中，如果软件使用的不合理，将会导致企业业务信息的丢失，影响数据的正确性。

（四）企业管理体系结构的风险

在企业的管理中，信息安全的管理主要由法律、制度、培训三个部分组成，由于我国对于大数据时代下企业内部控制风险的研究比较晚，所以导致我国企业在面临系统内部风险控制的时候与西方国家的企业相比差距非常大，再加上企业的制度也不完善，因此很多企业系统内部控制风险最终很难实施下去，这也是由于我国大部分企业无法利用大数据信息进行风险规避的主要原因之一。对于中小型企业的这家西北液压公司而言，通常在该类型的中小型企业中，所有的话语权几乎围绕老板的意愿执行，所以企业缺乏相关的制度，当风险来临之际，企业无法利用大数据信息做出分析，完全依靠企业老板的想法与固有的目光去看待液压行业的市场前景，不会采用大数据去分析市场行情的走向，最终导致企业逐步面临破产的风险。

（五）硬件因素引起的风险

在大数据的信息时代，由于数据的信息量非常庞大，所以对于信息的储存就需要容量更高的硬件设施，普通的硬件设施根本难以满足大数据信息资料的保存要求，企业在对内部系统进行管控后，就必须有所规划，然后采集功能完善的硬件设施。只有良好的硬件设施，才是确保企业内部风险控制的基础，但很多企业在对信息化硬件的建设过程中为了节约成本，所采购的硬件设施很难达到大数据信息化时代所需要的要求，最终难以将更多的资料进行保存处理，企业在使用的过程中会发现，信息资料出现断裂，无法对数据进行比对核实，逐渐会使之前保存的信息资料失去原有的作用与效果。

在市场竞争日益激烈的今天，大部分企业都面临着内部控制的问题，对于企业内部控制，如果将大数据与之结合，那么企业面临风险的可能性就比较小，因此通过大数据分析再结合企业内部控制系统的方式，会使企业拥有较强的核心竞争力。

第五节　大数据背景下互联网企业财务风险与内部控制

在当今社会，随着经济的发展，共享模式的运用使行业间关系变得越来越密切，大数据时代的到来使行业变革的步伐加快。然而，正是因为互联网的普及，才使行业内部机制以及解决措施变得更加完善，内控的设计、操控、监察都使企业内部的数据信息平台和技术之间的联系变得越来越紧密。在大数据的时代下，企业的内部控制机制进入了新的发展阶段。本节则是根据大数据背景下企业对自身内部以及财务管理所进行的一些相关研究。

大数据背景下，企业财务风险与内部控制息息相关，要想降低财务风险，就要无比充分的利用计算机网络技术加强内部控制。在当今时代，企业需要学会借助大数据来对企业财务风险以及内部控制进行管理，同时还要进行网络防范。这些是目前企业需要重视的重要监督点。

一、大数据背景下企业内部控制现状

（一）企业内部控制的创新性和突破性

全球知名咨询公司麦肯斯在早年间提出"大数据时代"，从理论意义上来说，在当今社会，大数据被广泛应用于各个行业。大数据被广泛应用是因为其具有所记载的数据庞大、价值密度较低，且对于数据的处理分析能力强、效率高的特点。一个公司在发展的过程中，所要记载的数据量是庞大的，因此无法实现企业内部控制以及财务管理的系统优化。解决这个问题，那么首先要做的就是对内部操作的控制系统进行转变。就目前而言，对于云计算的发展要根据时代的背景进行改变，企业内部的数据都是由专业的企业工作人员进行监督处理的。从现实意义上实现了会计电算化，电算化能够很好地将计算机与人工计算结合起来，并且把这种单一的数据进行统一控制。然后，就是对计算机数据处理范围的扩大。随着大数据时代的到来，相应的对财务数据的管理方式也在发生变化。因此，这就要求企业组建专业的团队对此进行控制及运算。但是在进行传统内部控制的基础上，还要对内控系统的安全性进行控制，要及时检测计算机内的病毒以及对计算机维修人员的控制。

（二）企业缺乏适应性和发展性

国内企业大都是采用传统的内部监督机制，并且这种传统的监督机制大都是由监管部门负责执行的。但是不管怎样，企业内部控制系统从根本上来说都是由企业的真实情况而决定的，同时企业也要抓住生产经营中的微弱部分，制定相关能够真正实施的方案，然后对生产中的各个环节严格把控，从而提升企业财务运算的能力。企业可以做出能够使企业长长久久发展的方案，企业不仅要注重自身的长久发展，更要注重企业的短期发展，这样能够更好地促进企业的发展。大多数的企业在建立企业内控机制后，就不再有内部机制的改革，其并不能根据时代的发展而发展，导致企业内控严重缺失适应性和发展性。从而导致企业不能放眼于未来，不能设计出有利于企业长久发展的方案。

（三）管理机制有待完善

大数据在实现全面覆盖后，其缺点和弊端也在不断地暴露。因此要对大数据管理机制进行完善。首先就是企业内部的着力点，从对各级管理层的控制正在逐步转嫁到对企业财务数据的录入与输出进行控制，并且在对人机先结合进行运算的计算方式上也出现了问题。随着社会经济的发展，人们对企业内部系统控制也越来越重视，因此正是由于时代的发展，世界上的百强企业也在随着时代的发展而进行改变。企业的员工可以在日常工作中感受到企业内控机制，而不是仅仅只是为了顺利完成任务那么简单的工作了。其次，企业也应该建立相应的监督管理机制，其机制的建立不仅仅是监督与管理，而是能够进行一系列的与之相关的管理机制，使之能够让企业把握大数据环境下的企业所发展的空间，同时，还能对企业的财务数据进行管理，从而加强企业的安全性能。

二、大数据背景下财务管理的作用

企业不是个体，而是一个小的集合体。企业所涉及的活动是多种多样的，并且这些活动之间的联系是密切的。因此企业的财务人员需要对这些数据进行处理分析，才能够很好的保证企业在运作工程中不出现问题。在传统的财务内控管理模式中，通常是通过人工进行整理分析。但是在当今科技发展的社会中，企业工作人员可以采用大数据的管理方法对数据进行分析处理。

（一）提高管理效率

财务管理的效率对企业的发展具有重要的作用，因此，在当今信息化发展的社会，企业可以通过计算机来对企业的财务管理数据进行储存。并且随着内部控制系统的加强，财务人员可以借助计算机数据来提高财务工作效率。在大数据的时代背景下，企业对财务管理以及内部控制都具有重要的意义，大数据的出现能够降低企业管理的成本，提高企业管理的水平。除此之外，企业还可以通过财务管理发现一些企业存在的问题，并且能够及时解决这些问题，从而提高企业的财务管理水平。

（二）降低风险

每一个企业的建立与成长过程都不是一帆风顺的。企业所面对的环境总是充满不确定性，正是由于这些不确定性的存在，才导致风险的发生。企业应该防患于未然以及在风险产生后采取相应的措施来面对风险。就企业目前的经营状况来看，发生频率最高的就是投资风险以及信用风险，这些风险一般只会给企业造成损失，因此这些风险会给企业造成负面影响。但是在大数据背景下，大数据使各个行业之间的联系更加紧密，通过这些数据的显现，从而降低企业风险发生的概率。除此之外，大数据也把企业内各个部门之间的关系拉进，使企业在面对风险时，各个部门的联络更加方便，以此来快速想出解决风险的方法。

（三）加强预算

预算管理使企业内部控制的来源，同时也是财务管理的重要环节。但是大多数企业并不重视这项重要环节，其存在往往只是形式主义上的存在，因此并没有实际意义。但是在当今社会大数据发展的背景下，企业之间的信息联系变得明显，因此根据这些信息可以为企业加强进行预算评估，从而给企业制定更加合理的经济活动。

三、大数据背景下企业财务管理的挑战

在大数据的时代背景下，大数据的到来不仅为企业的发展带来了机遇，同时也为企业的发展带来了挑战。因此企业要正确面对大数据所带来的变化。

（一）信息安全要求较高

大数据的到来，为企业工作人员减轻了工作负担，但是却使相关的计算机维修人

员的工作量加大。大数据时代的到来，使得网络安全成为人们重视的问题。企业也同样重视这一问题，因此，企业对信息安全的要求更高。如果企业忽视这一问题，那么有可能就泄露企业的商业机密，从而给企业带来不可估量的损失。除此之外，企业工作人员对数据管理与分析的专业素养也应该得到相应的提高。

（二）财务人员的综合素质要求较高

财务人员通常情况下都具有较高的职业素养，并且财务人员也应该具有坚定的立场以及较高的职业素养。企业需要的财务人员是各项工作力都非常完备的复合性人才，因为只有这样，企业的财务人员才能更坚定地面对诱惑。同时在面对企业财务出现问题时，也能为企业献言献策。但是在传统的财务管理工作中，企业所需要的复合型人才很少，这些工作人员认为只需要做好自己的本职工作就可以了。这样可能会导致不能紧跟时代潮流，进一步导致企业落后。

四、大数据背景下企业内部控制存在的问题

（一）信息载体变更，财务数据真实性受到威胁

随着社会的发展，信息化的发展，网络世界也变得更加开放，信息的载体方式也变得更加多样化。因此，这也导致了企业的财务数据变得更加容易泄露。正是由于国家推行财务电算化，企业的相关管理机制过度依赖网络系统，从而导致企业各部门对内控机制的管理监督与维护程度降低，造成数据的泄露，更甚至于影响企业的发展。

（二）信息化管理不完善，内控风险系数加大

在当今社会，信息数据化越来越明显。在信息化发展的同时，也为企业内控机制带来了新的问题。就比如，高危漏洞的科技犯罪，随着信息化的发展，此类案件变得越来越多。正是由于企业的财务数据由传统的纸质材料变成了数据化信息模式，同时也是因为信息化管理存在漏电，才给那些高科技犯罪人才带来有机可乘的机会。虽然信息化为企业提高了工作效率，但是却在一定程度上为企业增加了信息泄露的风险，因此要完善信息化管理制度，为企业降低内控风险。

（三）监督工作复杂，稽核难度大

随着社会的发展，信息处理技术也越来越发达。信息技术对于企业来说，虽然能够提高企业的执行效率，但是也在一定程度上为企业增大了内控的难度。在当今大数据的时代背景下，实物的流转与财务信息的流转具有很多差异，因此导致财务数据不能及时更新，这在一定程度上增加了企业发展的难度。除此之外，由于社会网络的发展，很

多会威胁到企业财务内控信息数据的因素存在,因此企业也要对网络安全进行监督。

(四)内控系统更新不及时, 内控措施准确性低

在大数据的时代背景下,首先,企业内控系统的存在一般是为了面对危险的发生,从而能够使企业面对危险时能够很好地应对。但是随着社会的发展,企业也会随着社会的发展而发展,因此,这也对企业内控系统的发展造成了一定的影响。其次,如今的企业大都采取自上而下的管理机制,这种管理机制使企业员工与内控机制不能够接触,因此有时员工对企业高层所下达的任务不能充分理解,从而导致员工对企业内控措施的理解性下降,影响企业的发展。

(五)信息沟通渠道不顺畅, 导致企业内控效率降低

在当今社会企业,各个企业都有内控部门,但是企业对于外部信息的获取途径并不完善。传统的内部控制系统所针对的是企业不同阶层的员工,但是这种方式忽略了财务信息与外界信息的交流,从而导致企业对外界信息获取渠道的不顺畅。除此之外,企业的内控系统与健全的信息交流是相辅相成的,因此企业必须要注重企业与外界信息沟通的途径。从而使企业能够快速的获得外界对企业发展有用的信息资源。

五、大数据背景下构建良好的内控系统措施

(一)建设良好信息化内控环境, 保证财务数据真实性

企业内部建立需要良好的环境熏陶,良好的环境可以为企业的财务数据提供一份稳定因素。建立良好的信息化环境首先需要改革企业内部的管理机制,强化高层的监督作用。其次加强网络安全意识,建立防火墙,提高企业内控机制的安全性。最后,企业要未雨绸缪,重点检查信息网络的薄弱环境,在企业财务信息泄露之前做好准备。

(二)建立健全信息化安全管理制度, 降低内控风险

为了使企业能够顺利地按照计划进行,企业需要做出一定的应对措施,从而降低由不确定因素所导致的风险。因此企业需要做到,首先对企业的制度进行分析,然后预估可能会发生的危险,同时还要加强对企业核心机密的保护。其次,企业要建立应对风险发生后的机制,并且能够有针对性地进行解决。最后完善企业的信息化制度,企业对此要做到防患于未然,同时还要有能够应对风险的能力。

(三)设立风险动态监督系统, 完善网络

无论大小企业,都会有风险的存在,这些风险是不可避免的,因此企业要设立风

险动态监督系统,完善网络监督管理机制。随着社会经济的发展,企业也在发展,因此,内控措施要结合企业的发展而发展。就比如,企业建立多级动态监督系统,从而对企业实行自上而下的管理模式。除此之外,在监督和信息方面,企业也要发挥本身的职能,建设资源平台共享,以此来保证网络的长通,从而促进企业的发展。

(四)及时更新内控系统,提升内控准确性

企业在发展,但是就目前而言,内控系统的更新不及时,导致了内控系统的准确性下降。面对这一问题,企业应该在传统的内控信息系统的基础上对计算机信息网络技术进行更新,从而制定出适合企业发展的机制。除此之外,企业还应该促进企业中的各个部门的交流,以此保证企业员工能够熟悉企业在日常运作的各个环节,从而实现内控的目标。与此同时,企业也要对企业内部的系统进行更新,从而进一步强化管理会计信息系统。促进企业内部系统软件能够更好地适应企业的发展。另外,更要有针对性地对企业的原系统进行升级,并且企业要紧跟时代潮流,研发新型软件,保证企业的先进性,从而促进企业的发展。

(五)加快信息传达速度,完善内控机制

在当今社会经济发展的时代背景下,信息传媒的介质存在很大的共享性,因此针对这一现状,企业要建立信息资源共享的有效平台。这样不仅可以加快信息的传递,而且企业能够快速获得企业发展所需要的信息,从而使企业不会存在与社会脱节的现象。除此之外,企业也应该缓解委托代理冲突和信息不对称的情况,要多方面的满足企业高层、政府以及社会公众所需要的企业可以对外展示的信息。从而保证企业在大数据的时代背景下也能够与企业外部的信息交流通畅。

在当今社会迅猛发展的时代背景下,大数据飞速发展,企业财务风险与内部控制也应该随着社会的发展而发展。传统的企业发展模式在当前社会已经不再适用。社会的迅猛发展在给企业带来机遇的同时也带来了风险。企业只有与时俱进,坚持大众创业、万众创新,才能跟随时代的潮流,从而实现企业的发展。企业内控系统的现状就是缺乏创新性和突破性、企业的适应性不强以及管理机制不完善。因此,企业要有针对性地提出解决方案。除此之外,企业也要提高网络的安全性,建立健全完善的网络监督管理技术,从而促进现代企业的发展。另外,对于企业来说,同样重要的还有就是企业要对自身的发展有良好的定位,以此来为企业制定发展计划,从而能够使企业实现可持续发展。

第五章 互联网金融企业财务风险概述

第一节 互联网金融财务风险分析

当前互联网金融风险管控问题大体上可分为规章制度问题、人文因素问题以及管理体系问题，这些问题的存在说明大量企业对互联网金融财务风险管控的重视程度不足，未能在新时期建成科学有效的风险管控体系。对于企业发展来说，这些问题需要被引起足够重视，最终让企业能够更好管控风险，将更多资金用于企业的运行和发展过程。本节分析指出了互联网金融财务风险管控的意义，并在此基础上提出互联网金融财务风险管控的具体措施。

互联网的快速发展不仅推动了社会的进步，同时也大大提升了金融资产的配合效率。但是在带来诸多进步的同时，也不能忽视其所带来的风险。最重要的就是互联网金融背景下的财务风险，随着互联网金融的大肆扩张，使得财务风险的问题日益突出，尤其是随着各种网络借贷平台的诞生，更是为互联网金融财务风险埋下巨大的隐患，而且目前已经初现端倪。因此，为了能够对金融财务风险进行防范必须创新监管思维，将整个互联网金融市场机制进行优化，从而将互联网金融的优势充分发挥，尽可能降低互联网金融财务风险。

一、互联网金融概述

互联网金融的概念，最早是由我国提出的。从严格的定义上来说，凡是依托互联网技术和互联网工具，如社交平台、大数据、云计算与云存储、搜索引擎、服务器对接端口等实现金融业务的一系列行为，都可以叫作互联网金融。

目前互联网金融行业在我国发展势头强劲，处于爆发式增长、遍地开花的状态。以最常见的电子商务为例，网络支付和第三方支付手段的兴起与大规模应用，可以说是让原本就前途大好的电子商务如虎添翼，其便捷、快速、交易成本低、第三方提供监管与信用鉴定等优点使得电子商务行业很快就风靡全国。

二、互联网金融的风险

互联网金融是互联网行业与金融行业的有机结合，但在拥有互联网与金融双方优势的同时，不可避免地也会具有双方的缺陷。其首要的问题就是风险问题。

（一）传播性强

互联网金融拥有方便、快捷的优点，同时也有着风险传播性强的缺点，就像一个硬币的正反两面，用户在享受快捷服务的同时，也有可能会被快速传播的风险波及到。互联网技术发展到目前为止，网络诈骗、电脑病毒等已经不再是新鲜事，这些有害的技术完全可能瞄准互联网金融，开放、共享的平台环境更是为不法行为大开方便之门，一个小小的问题依靠网络技术迅速传播至大量用户端口，变成一个巨大的风险和漏洞。

（二）复杂多变

不仅继承了传统金融行业的风险，互联网金融行业还衍生出了更多变、更复杂的风险机制。首先，网络安全问题和信息泄露风险原本只存在于网络和互联网行业，但因为金融行业的加入，使得网络不安全和信息泄露变得更加危险，极容易造成经济损失。与此同时，互联网本身并不是无懈可击的，各种金融平台也有着各种各样的漏洞，金融产品本身所带有的流动性风险如果与互联网的信用漏洞相结合，便会变成一个巨大的危险源。并且，这种危险源是由多种风险因素共同作用而形成的，本身就很难甄别、判断，更遑论监控和铲除。

（三）虚拟性高

虚拟性高本身并不一定是一个缺点，就像现在网络上流行的比特币一样，本身就是一种虚拟货币。但不可否认，虚拟性高的确会给互联网金融行业带来一定的风险，虚拟化的账户名，虚拟化的信息，导致金融行为的对象、内部运作机制、运行进程等变得不透明，而且很容易失控，甚至给不法分子留下可乘之机。与此同时，电子货币等虚拟货币本身也具有一定的风险性，因为毕竟与真实货币不同，没有国家力量和资本作为依托，又处于起步状态，自身的稳定性和抗风险能力都比较低，很容易产生较大的价值波动和收益波动，给用户造成大量的损失。

三、互联网金融财务风险管控的意义

（一）提高互联网系统的安全度

当代企业很多都依赖互联网运行,企业内部网络中包含各类企业的运行信息,所以对互联网的安全需要引起足够重视。进行互联网金融财务管控时,企业必然会修补网络中存在的漏洞,同时也对辅助设施进行补全,最大程度上提高了互联网系统的安全度。

（二）为行业提供指导

在企业运行过程中,应用互联网实现财务风险管控,说明在企业运行中将会建设更加合理完善的管理体系,这种管理体系将会被行业中的其他企业研究,从而带动行业共同发展。

（三）推进互联网技术改革

通过第一部分的分析可以发现,引发互联网金融财务风险的一个重要因素是互联网技术中存在漏洞,在企业应用该项技术进行风险管控时,会让互联网专业人员进行漏洞封堵,在提升互联网技术安全性的同时,深入推动互联网技术改革,从而带动相关行业共同发展。

四、互联网金融财务风险管控中存在的问题

互联网金融是传统行业与新兴行业的结合,具有互联网与金融两者的特征,展现出高风险特点。而财务风险本来是任何行业都需要面临的,但是随着互联网金融的诞生,其财务风险的起点就直接变得更高,使得许多相关企业的应对能力无法满足互联网金融发展的需要,极易致使企业的财务预期收益、实际收益等产生偏差的概率,在这种环境下,互联网金融的财务风险更多的就是缺乏对金融市场防范机制的构建,而且由于互联网的扩散性,任何不利于互联网金融市场的信息瞬间就会被扩散到金融消费者中间,极易使得整个金融市场受到影响,互联网金融财务管理方式与旧有的财务管理体系存在很大区别,这也是导致当前金融财务风险管控能力较低的主要原因。当前互联网金融财务风险管控中主要存在的问题如下:

（一）规章制度建设不全面

在 2013 年《中共中央有关全面深化改革若干重大问题的决定》中明确提出,一定要将普惠金融的理念普及到各个行业。同时要将金融创新作为金融市场发展的主

要方向,只有通过金融创新才能够将市场产品及层次进行优化、丰富。同时整个金融体系的监督体系必须跟上互联网金融的发展,尤其是在法律法规方面,要迅速制定相应的法律法规,保证互联网金融能够快速投入到规范化的市场中。但是对于企业发展来说,要降低财务风险,需要制定符合企业运行以及发展战略的规章制度,并且在规章制度的制定中要涵盖企业运行中的各个系统。但是就实际情况来看,当前的很多企业只应用出台的法律法规指导企业的运行和发展过程,这种企业自身规章制度不全面的现象必然会导致企业无法有效规避互联网金融财务风险。

(二)互联网金融定价机制模糊

金融市场的核心环节就是金融资产的定价,倘若金融资产定价机制模糊,自然就会造成整个金融市场的混乱,同样互联网金融市场也逃离不了。而且由于互联网金融作为新兴产业,其定价机制并没有像传统金融产业那样有十分清晰的定价标准,更多的都是处于摸索当中。而且由于互联网金融风险根本无法计量识别,在资产定价时也无法将相关风险因素纳入考虑范围中,因此对于互联网金融市场的发展来说是极为不利的。由于互联网有很强的开放性,所以客户可以应用互联网广泛收集信息,这是导致互联网时代产品价格波动幅度上升的主要诱因之一。当下互联网金融产品的价格更多是依赖市场供需关系所决定的,但是这就会脱离实际,不利于金融产品价值的评估,而且十分容易因为市场的不稳定从而引发金融资产的价值的不稳定。对于应用互联网进行财务管理的企业来说,交易过程中往往会按照用户的需要更改商品定价,这种现象会在很大程度上增加企业运行的财务风险。

(三)信息透明度较低

在互联网时代,虽然很多信息已经提高了透明度,但是对于企业的金融财务管理过程来说,系统运行过程中的透明度很低,互联网传播的速度快,任何财务信息的传递都是十分迅速的,同时因为数据的安全性也容易产生漏洞,导致企业运行过程中各系统的融合度下降。尤其是基于互联网技术对于金融行业来说,尽管给互联网金融带来了极高的交易速率,但仍然存在不小的挑战,而且交易本身也储存了大量的数据,数据内容涵盖了商业机密与客户个人隐私,一旦某个环节产生某种漏洞,就会给互联网财务造成毁灭性的打击。当前很多企业机密信息被不法分子交易,这是由于企业的互联网系统遭到攻击,是互联网系统存在严重漏洞的体现。正是基于这些因素,极大地增加了隐患产生的概率。

（四）互联网金融财务风险应对能力不足

由于互联网金融市场的财务风险极易波及整个行业，就比如说P2P行业，一旦其中某个节点爆发后，将会直接影响到整个行业的发展。互联网金融市场体系缺乏对财务风险的防范，一旦某个环节产生一定的风险就会引发市场风险。而且在财务风险主动管理上面也有所欠缺，没有主动地将互联网金融财务风险纳入防范范围中，而且在征信环节以及信息共享内容方面也并没有制定相应的措施。总体来说就是对互联网金融财务风险缺乏足够的应对能力。

五、互联网金融财务风险管控的措施

（一）建设科学有效的规章制度

企业的金融财务风险来源于企业运行中的各个方面，对于企业的运行和发展来说，规章制度能够从根本上对企业中的工作人员进行有效管理，所以要封堵企业运行中的各类风险，核心思想为建设科学有效的规章制度。由于互联网技术能够对企业运行中的各类因素进行监测和管控，所以在规章制度建设中，需要融合互联网技术所能发挥的作用。例如，对于企业中的会计部门和出纳部门来说，新的规章制度需要能够让这两个部门相互监督，在会计部门进行核算，由出纳部门控制资金流动过程中，出纳部门融合各类互联网资源后对会计部门的核算结果进行检验，只有检验结果准确无误后才可进行资金应用，对于剩余资金以及需要另外调拨的部分资金，会计部门在收到出纳部门的申请后，应用互联网技术进行资金核算。对互联网技术的应用，能够让这种双向监督机制更好发挥重要功能，让企业能够充分规避发展中面临的财务风险。

（二）建设科学有效的管控机制

互联网金融财务管理的一个重要特征是应用互联网资源对企业的财务管理情况进行整理和观察，从而有效封堵企业运行中存在的漏洞，可以说互联网金融财务风险管控处于一个变化的过程。对于企业来说，可以充分应用互联网资源建设科学的管控机制，例如在企业运行过程中，运用"互联网+"模式，将企业的产品与互联网进行有效融合，应用互联网的开放性让企业获得更好发展，同时在该过程中，通过信息的收集整理了解市场上的各类资源配置，并探究政府的相关政策对行业以及市场的影响，针对这些影响建立新的发展战略和运行体系，从而让企业能够更加科学有效地管控各类可能面临的财务风险。

（三）强化信息保护力度

提升网络信息安全就是防范财务风险的技术手段，能够确保金融消费者能够直接选择进入正确的网点，而不是在业务开展过程中，被其他的钓鱼网站进行半路拦截，直接影响到金融消费者的第一体验感，甚至还会造成客户资本、信息等泄露。因此必须通过技术作为支撑，将网络信息安全提升到战略层次，为互联网金融的发展提供保障。对于企业的运行过程来说，虽然在互联网时代要求能够开放信息公布力度，但是也需要注重对自身信息的保护，这两者并不矛盾，原因在于两者的侧重点不同。信息保护能够更好地让企业规避风险，强化信息保护力度可通过以下两项措施实现。落实企业的权限制度。在金融财务管理的过程中，只有具备权限的工作人员才能够进行财务信息查阅，要满足这一要求，在财务信息系统设计和架设时，可以通过密码进行登录限制，同时在登录窗口中还需要输入工作人员的工号、个人基本信息，另外在该过程中，设备中的摄像头能够对意图登录的工作人员进行拍照，从而最大限度保护企业网络中包含的信息。修补网络体系中存在的漏洞。对于互联网金融财务管理来说，互联网系统中存在的漏洞将会在很大程度上降低信息的安全性，所以在企业的运行和发展中，需要在该系统中设置防火墙，并由专人对防火墙的运行状况进行监督，保证防火墙能够被及时有效升级。

（四）还要加强互联网金融行业参与者之间的合作

所谓互联网金融参与者，不仅包括提供金融服务和网络服务的商家企业以及负责监控管理的政府部门，也包括每一个使用互联网金融服务的用户。政府层面应及时协调分业与混合两种监管模式，从而实现对互联网金融风险的综合监管，保证全面覆盖，"一行三会"、工信部等相关的政府管理部门应建立起高效的协商与合作机制，促进信息共享和业务合作，形成高密度、高强度、全方位、多层次的监管体系。企业和用户层面则要建立起正确的网络观念和金融观念，自觉维护平台的稳定与安全，加强安全意识与法律意识，确保自身的经济安全。用户必须时刻牢记安全准则，同时企业和监管部门也要负责提醒用户风险，尽力健全平台环境与后台环境，加强网络安全防护，并建立完善的事前、事中以及事后风险管控系统。

（五）发挥互联网的定价功能

互联网定价功能能够规范市场行为，让各类企业都能够参与到公平的市场竞争中，最终让各企业都能够实现有效的财务风险管控。所以在今后的发展中，各企业可通过互联网技术进行产品销量、设备运行成本、技术投入成本等信息公布，最终让其他企业参与到互联网定价过程中。需要注意的是，在该过程中需要充分重视市场的资源配置情况，当资源配置偏离该行业时，需要降低对该类产品的投入，甚至进行企业转型及优化，从而让企业乃至行业都能够有效规避市场中的财务风险，让企业乃至行业更好发展。

（六）提高工作人员素质

在企业运行和发展过程中，人文因素往往是企业运行和发展的直接影响因素，所以要规避互联网金融风险，一个重要措施就是提高工作人员素质。该过程中的主要工作内容包括以下两个方面。遵守制度素质。在当前的很多企业中，工作人员对企业的规章制度遵守程度较低，导致企业的规章制度成为一纸空文。尤其是对于互联网金融财务管理来说，要求工作人员只有在具备相应权限的基础上才能够对金融财务数据进行查阅与探究，当工作人员遵守制度的素质较差时，容易造成泄密风险。所以在企业今后的运行中，可以设立监督工作小组对工作人员进行管控，监督体系与绩效制度挂钩，通过这种方式逐渐提高工作人员的遵守制度素质。风险管控素质。对于当代企业来说，财务风险来源于企业运行中的各个方面，风险管控作为一项系统工程，各工作人员都需要能够按照企业的要求和部门的工作情况提高自身素质，深度发挥应有的职能，从而降低企业运行中存在的各类财务风险。

综上所述，互联网金融作为金融市场的创新商业模式，拓宽了市场的融资渠道，其通过互联网的形式将金融产品不断地丰富与传播，让更多的人享受到金融发展的福利，同时也将资源配置效率大幅度提升。因此，通过完善规章制度、提高工作人员素质、强化信息保护力度等措施提高对金融财务风险的规避能力，推动整个行业的发展，确保互联网金融市场所面临的各项风险降到最低，才能够为我国经济做出更大的贡献，为我国市场经济的发展保驾护航。

第二节　互联网企业财务管理中的金融投资风险

企业在经营发展的过程中，为了赚取更多的利润，通常都会进行金融投资业务，随着互联网科技时代的到来，金融投资业务的类型也呈现出多元化的发展趋势，使得企业在金融投资过程中的选择变得更加复杂，所以面临的金融投资风险概率也就大大增加。加上各个企业的经营规模不相同，投资和管理的方式也比较落后，导致企业的金融投资工作进展得不是特别顺利，严重影响着企业的正常经营和发展。企业在财务管理的过程中，需要加强对金融投资的控制和管理，从而为企业的稳定发展提供可靠的保障。文章对形成企业金融投资风险的相关因素进行了分析，并提出相应的完善措施，希望降低企业金融投资风险的概率，进一步推动企业的稳定发展。

在现阶段的企业财务管理中，金融投资是一项重要的工作，多数企业都想依托金融市场来进行投资，以便获得更高的经济收益。虽说金融投资能够在短时间内获得较高的收益，但同时面临的风险也是比较高的，一旦投资决策失败就会给企业带来巨大的损失。因此，企业需要不断完善金融投资过程中的风险防范措施，以此提升企业的风险防控能力，进而推动企业的稳定健康发展。

一、企业金融投资失败的几大类型

（一）投资决策失败

众所周知，投资是企业发展的前提条件，在经济全球化的推动下，企业获得的发展机遇是比较多的，这时多数企业都会在没有准备的前提下进行金融投资活动，但是往往都会因为投资决策失误而严重影响企业的稳定发展，甚至会导致企业走向灭亡。所以，企业怎样才能确保金融投资的正确性，避免出现投资决策失误，是确保企业走向成功的主要工作。

（二）操作人员操作不当

企业在进行金融投资的工作中，对相关操作人员的综合素质要求较高。在众多金融投资失败的案例当中，因为操作人员操作不当而引起的金融投资失败也还是很多的。比如一些金融投资的操作员因为缺乏足够的职业道德素养，常常会将一些重要的投资信息泄露出去，从而导致企业的金融投资失败，使企业不能获得预期的效益。

（三）没有充分了解市场

当前多数企业在进行金融投资时，没有对市场进行充分的调研，要么是通过人家推荐，要么就是觉得收益可观，采取跟风的态度进行金融投资，而对金融市场的环境没有做详细的分析和了解，使得金融投资的实际情况和预期的效益存在严重的偏差，从而导致最终的投资失败。

二、形成企业金融投资风险的相关因素分析

（一）金融投资工作人员形成的风险

企业金融投资的工作人员作为金融投资的主要构成部分，只有具备足够过硬的金融投资专业技能，才能保证金融投资的安全可靠性，进而帮助企业获得更多的收益和回报。所以，金融投资工作人员的专业技能和综合素质水平将直接影响金融投资的最终结果。但从实际发展情况来看，多数企业的金融投资工作人员不具备胜任金融投资工作的能力，主要就是由于缺乏金融投资的专业知识和技能，再加上部分企业的领导者不够重视对金融投资工作人员的培养，使得在具体的金融投资过程中出现一系列的问题，大大增加了企业金融投资风险发生的概率。另外，一些企业的金融投资工作人员没有职业道德精神，常常会将一些重要的金融投资信息对外泄露出去，从而为企业的金融投资带去一定的困扰，使得投资达不到预期的效果。

（二）金融投资决策机制的不完善形成的风险

在金融投资决策时，一些企业为了获取更高的收益，没有充分结合企业自身发展的实际情况，制定出的金融投资规划严重缺乏科学性，这样盲目进行金融投资的决策，会导致企业金融投资工作中出现更多的问题，不利于工作的顺利开展，严重影响最终的投资结果。

（三）金融投资风险控制制度不健全形成的风险

企业不健全的金融投资风险控制制度是形成企业金融投资风险的主要因素之一。众所周知，企业金融投资的各个环节都会面临着不同程度的风险，要是不能科学合理的分析和防范一定的金融投资风险，就会给企业的金融投资造成极大的损失，所以，健全企业的金融投资风险控制制度是非常有必要的。但从企业的实际情况来看，企业内部的金融投资风险控制制度并不是特别的完善，同样，从事金融投资风险控制工作的人员也不具备足够的风险防范意识，严重缺乏对金融投资风险的敏感性和警惕性，大大增加了企业金融投资风险发生的概率。

（四）利率变动、市场波动形成的风险

企业在开展金融投资业务时，国家利率的变化直接牵动着企业的经济利益，不管国家的利率是上调还是下降，都会对企业的金融投资效益产生直接的影响。同样，企业的金融投资还需要关注市场波动的情况，金融市场的波动也会对企业的金融投资效果产生一定的影响。比如金融市场的波动会使得一定范围内的金融经济出现崩溃

的现象,进而广泛影响着市场经济。

三、企业财务管理加强金融投资风险防范的完善措施

(一)企业财务需要进行金融投资试行工作

对于多数企业来讲,在经营管理过程中并不是特别擅长金融投资。所以其金融投资风险的管控措施还不是特别的完善。当前多数企业对于金融投资这种新兴事物,还不是特别的了解,对金融投资还存在着很多误解和不信任的地方。因此企业要想加强金融投资风险的管理工作,企业的管理人员就需要不断学习金融投资的相关知识点,尽量掌握好这一全新的管理模式。充分了解金融投资的优势及其未来发展的方向,以便自己的决策得到更多投资人的支持。对于金融投资,财务管理就是其顺利进行的命脉,财务管理工作要是出现失误,就会对整个企业的发展产生影响。所以,在企业内部需要及时进行金融投资的试行工作,加强试点运行,并根据试行工作中出现的问题及时提出解决措施,并充分总结金融投资的各方优势,一步一步完善自身金融投资工作的流程,当金融投资试点成功运行之后,企业就需要一步一步推进金融投资工作,将试点的成功经验运用到实际投资过程中,并结合实际情况,不断总结经验,确保金融投资工作的成功。

(二)构建企业财务金融投资风险框架

企业在加强金融投资风险的财务管理时,需要充分结合自身的实际情况,比如说企业的整体规模、金融投资、经营成本和盈利方向等相关计划。根据企业当前的经营管理现状,对企业的各项工作计划做出详细分析,从而制定出科学的财务目标和合理的工作计划,参考市场的发展规律和需求确定企业未来的发展方向和金融投资方向,从而提升企业的经济效益。通过对相关数据信息进行全面的分析,构建符合企业自身的金融投资风险管控措施,并结合现状制定科学的标准风险控制框架,确保企业财务在处理相关数据时的规范化和统一化。当企业构建的框架不适应相关部门要求时,需要企业管理人员作出正确的决策,坚持科学的财务管理理念,以便适应经济大数据时代的经济趋势,从而促进企业的长远发展与进步。

(三)企业财务需要做好金融投资的具体规划工作

加强企业金融投资的财务管理主要的原则就是必须要统一规划金融投资的所有服务流程、业务往来和管理制度。在企业的各项工作中,财务管理工作是一项复杂且烦琐的工作,如果企业没有制定统一的标准和管理模式,将会大大增加企业财务的

工作量，所以只有进行统一的规范化管理，才能对金融投资的相关信息进行有效的整理，提炼出真实有效的信息，在企业内实现相关信息共享。在企业内部构建详细且全面的财务风险管控体系，尽可能让企业的财务信息全部真实的体现在财务风险管控体系当中。企业构建风险管控体系有助于企业对自身资金的管控，实现对企业资金流动的全程监控，严格把控企业金融投资的方向，确保金融投资的成功率，一旦金融投资过程出现差错，财务动向存在不合理的情况，企业就可以及时采取措施，纠正这些错误，避免给企业带来巨大的损失。

（四）完善金融投资风险的应对方案

企业加强财务管理金融投资风险的工作重心还应该放在完善风险应对方案上，根据金融投资风险形成的不同因素，制定有效的风险应对方案，尽可能减少金融投资风险给企业带来的损失。所以，企业的管理人员需要充分了解形成金融投资风险的各方因素，通过制定风险预警机制，重点关注金融市场、国家利率等方面的变化情况，及时发现存在的风险，为制定科学的风险应对方案提供可靠的支持。不同的金融投资风险类型需要采取不同的应对措施，比如风险控制、风险转移，等等。具体该选择怎样的手段，就需要充分结合金融投资的项目和企业发展情况来选择更合适的方式。

第三节　互联网金融企业如何规避财务管理

当前，互联网金融企业正处于快速发展阶段，同时也面临着一定的困境，特别是财务管理问题。财务管理是企业经营的重要内容，只有加强财务管理，才能提高企业抵御风险的能力，从而更好地迎接市场竞争。因此，互联网金融企业必须提升财务管理水平，保障企业的经营活动得以正常有序开展。

一、互联网金融企业财务管理中面临的困境

就我们在日常咨询服务工作中接触到的大量案例来看，互联网金融企业财务管理中面临的困境，主要体现在以下方面：

第一，对财务管理不够重视。对财务管理工作的重视程度不足，已经成为影响互联网金融企业未来发展的重要因素。以某金融公司为例，该公司财务人员虽然已经制定了明确的管理制度，由专门的财务人员负责全面盘点企业银行账户余额，但是由于工作人员的重视程度不足，再加上其专业素质不高，致使经常出现统计的资金

额与实际资金数额不符，甚至出现严重的偏差，极大地影响了企业管理层在制定决策时的风险把控水平。

此外，虽然现阶段大部分互联网金融企业逐渐开始实施了信息化的管理方式，均配置了 OA 和 ERP 等现代化的系统，但是却未能将这些系统有机整合起来，各个系统之间相互独立，无法实现信息共享，降低了企业的财务管理效率。例如，部分互联网企业当前仍旧采用纸质的方式提交报表，不仅财务管理效率低，而且财务内容的真实性也较低。

第二，企业抵御风险的能力不强。近年来，我国互联网金融企业正处于快速发展时期，企业的规模逐年扩大，财务管理费用也随之上升。财务费用的增长表示企业面临的风险随之增加，因此企业应该提高管理水平，增强抵御风险的能力。

另外，社会上对互联网金融企业的认识不足，在一定程度上也限制了企业的发展，再加上大部分互联网金融企业在经营管理中一味地追求扩张，导致企业的资金偿还压力较大，长此以往也不利于企业的发展。

第三，企业的内部控制不够完善。当前大部分互联网金融企业的管理人员认为，内部控制的主要目的是避免企业的经营管理出现问题，认为内部监督只是企业财务人员的工作，甚至将其作为应付监管部门的一种方式。因此，企业的内控监督制度不完善，没有严格执行内控制度，缺乏全面的预算管理制度，不利于企业的未来发展。

企业的内部控制主要分为两大部分，第一是企业的内部监督管理制度。通常来说，企业的内部监督主要是依靠内部审计人员来完成的，但是现阶段，大部分的互联网金融企业并未设立内部审计部门，即使少数企业设立了该部门，但是监督管理的范围较窄，主要是监督企业的财政收支，对内部控制方面涉及得较少一些。另一部分则是外部监督制度，主要包括司法监督以及社会监督，由于企业披露的信息较少，致使外部监督也难以发挥作用。

第四，企业财务管理制度不合理。首先是企业的资金管理体系不完善，当前互联网金融企业的财务人员往往只是负责纳税、申报以及财务核算等工作，没有开展企业的风险管理以及全面预算管理等工作，致使企业的流动资金状况得不到及时和真实的反映，财务管理存在严重缺陷。

其次，预算管理体系不完善，没有单独成立专门的核算小组，同时企业管理层对该工作重视程度不足，预算编制工作较为落后，预算的执行也缺乏监督，从而使预算管理往往流于形式。没有严格执行预算考评机制。

以某互联网金融企业为例，由于该企业的管理人员对预算管理的认识不足，认为其主要目的就是限制企业的资金支出,因此没有严格遵守该项制度,为企业的发展带来负面影响。另外,缺乏科学合理的绩效考评制度,无法充分激发财务人员的积极性,也是影响企业财务管理效率的重要原因。

二、互联网金融企业财务管理的优化措施

全面提升财务管理效率,有助于管理人员制定企业决策。就互联网金融企业财务管理中存在的上述问题,以及我们对客户的服务经验,特提出以下建议,希望能给想在财务管理优化工作中有所作为的互联网金融企业一些启示。

第一、提高对财务管理的重视程度。

加强对互联网金融企业的财务管理,可以更合理地配置企业资源,增强企业抵御市场竞争风险的能力,更好地迎接外部环境的变化。互联网金融企业的管理人员应该提高对财务管理工作的重视程度,并在实际操作中采取系统的措施。首先,可以在企业内部建立资金结算中心,全面管理企业的银行账户,清理企业不再使用的银行账户,明确划分好企业的收支账户,避免发生现金错支的现象。同时,要核定好银行的限额,对于超出银行限额的资金,必须每天汇入到企业指定账户,提高对资金的管理效率。其次,利用好现代化的信息系统,可以结合公司的实际情况,引进适合本企业使用的财务管理软件,定期开展相关的培训活动,增强工作人员的软件操作技能,通过开展信息系统以及会计系统的培训,提升财务人员的综合素质以及企业的整体财务管理水平。此外,还要结合相关会计准则与财务信息管理系统,明确财务管理工作的标准。例如,明确会计科目的设置、企业的资金管理办法、财务报表的编制等工作。

第二、提升企业的风险控制能力。

互联网金融企业属于高风险、高回报行业,很容易受到外部环境的影响,特别是经济的改革与调整,往往会限制企业的平台发展。如果经济形势较好,则企业融资的难度较低,否则就会对企业的贷款业务造成损害,融资风险系数上升。为了确保企业未来的健康发展,首先需要加强对资金的管理,企业应该制定完善的风险管理制度,为企业的未来发展奠定基础。其次,企业应注重市场调研,深入了解市场需求,结合国家的最新政策,开发相应的金融产品,赢得消费者的信任,从而提高产品的销售速度,实现资金的快速回笼。这样,不仅可以为企业创造更大的经营效益,还可以有效缓解资金压力。再次,要建立科学的风险监督机制,明确划分好风险管理、企业财务管理以及审计等部门的工作内容,可以成立专门的风险管理小组,专门管理相应的业务,提高管理效率。此外,还应该建立起企业风险预警机制,监督企业经营中的各

类风险。例如,操作风险、企业的交易风险等。

第三、加强对企业的内部控制。

针对互联网金融企业内部控制中存在的问题,企业必须加快内部控制制度的构建,并将其落到实处,只有企业管理层充分认识到内部控制的重要性,才能真正发挥内控的作用。

为此,应该提高公司管理人员的内控意识,结合公司的实际情况,制定相应的内控制度,明确划分好企业各个岗位的工作内容和职责,建立起科学系统的内控管理机制。例如,企业可以聘请咨询公司,调查企业面临的主要风险,以此提高企业内控管理水平。企业还应该构建内部和外部监督管理体系,对内监督管理企业相关制度的执行情况,一旦发现问题,及时制定解决方案;对外促进各个部门之间的沟通和交流,协调好各部门之间的工作,严格执行监督管理制度,提升企业内部和外部管理效率。

第四、完善企业的财务管理制度。

科学合理的财务管理制度,可以规范企业的财务管理工作,提升企业的财务监管水平和信息化水平。首先,企业应该实行全面预算管理制度,一旦预算下发执行,则整个互联网金融企业在开展经营活动时就必须严格按照预算开展生产和经营活动。还可以结合企业以往的经营状况,编制年度预算,并且支出的项目设置支出账户,避免预算超支情况的发生。同时,企业的财务管理人员还需要实时监控企业的预算执行情况,逐渐完善企业的费用台账,严格审核并登记企业的台账。

其次,管理人员还应该定期检查企业的预算执行情况,提高对资金的利用效率。

此外,要注重对财务管理人员的培训和教育工作,可以引进专门的财务管理人员,增强企业财务队伍的建设,全面提升企业的财务管理水平,定期邀请相关领域的专家和学者开展讲座,培训财务管理知识,提高财务工作人员的专业素质。同时,制定科学合理的激励制度,调动员工的积极性,而且还可以令其更好地完成工作,提升企业的财务管理水平。

总而言之,加强对互联网金融企业的财务管理,不仅可以增强企业的竞争力,同时也可以帮助企业更好地抵御经营风险,提升经营效益。互联网金融企业应该提高对财务管理的重视程度,制定科学合理的财务管理制度以及内控制度,采用全面预算管理模式,全方位保障企业的健康可持续发展。

第四节　财务公司互联网金融的信息安全管理

互联网金融在促进我国产业升级和金融产业发展创新中，尤其是企业集团财务公司在支持集团外延发展中起到了巨大的作用，但也带来了较大的信息安全风险隐患，为了确保互联网金融信息数据的可靠性、保密性、完整性，那么必须要高度重视互联网金融信息安全问题。本节首先分析了财务公司互联网金融常见的信息安全风险；其次，深入探讨了财务公司互联网金融信息安全风险形成的原因；与此同时，对如何加强财务公司互联网金融的信息安全管理提出了自己的思考和建议，其中包括加强计算机网络与信息安全工作，不断引入和更新网络应用技术，深入源头检查、强化安全管理，加强计算机网络的实时监测，建立起安全性控制的恢复与备份机制，具有一定的参考价值。

随着互联网技术的迅猛发展，一系列的互联网金融模式（如网上支付结算、资金融通、网络金融产品销售、投资理财等）都得到了迅猛的发展，大大满足了企业及个人的融资要求，给工作生活都带来了较大的便利性，已经成为生活中的重要组成部分。再加上国家对于互联网金融的支持力度不断加大，包括大数据金融、P2P融资借贷、第三方支付、众筹等在内的新兴互联网金融产业也取得了较快的发展，正成为一股潜力巨大的金融发展创新力量。但是由于以开放性的互联网为载体，互联网金融的信息安全管理难度加大，效果不佳，易受到恶意软件、病毒等的侵害，导致系统受损或者数据信息外泄，再加上网络支付快速化、网络金融虚拟化等，都对互联网金融的信息安全造成了较大的危害。本节以企业集团财务公司在支持集团产业延伸发展提供服务时，对如何进行互联网金融建设的信息化安全方面的管理框架和措施进行探讨。

一、财务公司互联网金融常见的信息安全风险

（一）信息通信风险

互联网金融业务通常都是利用网络在用户、互联金融机构、银行之间进行数据传输，一旦数据传输系统被黑客攻破，那么必将会严重泄露客户的密码、账号、资金，会对互联网金融业务用户的信息安全造成较大的影响。

（二）数据安全风险

互联网金融业务中的数据往往是保密或者绝密的，用户的数据交换信息、业务处理信息、基本信息、资金信息、用户支付信息等若出现篡改、泄露或者丢失，都会给企业集团财务公司带来严重的损失。由此可见，在较为明显的开放式互联网中，有效地避免数据安全风险，提高数据传输的可靠性、安全性和完整性就显得尤为重要。

（三）外包管理风险

企业集团财务公司在进行互联网金融建设时，往往都是采取购买外包服务的方式。互联网金融系统建设与业务外包服务管理不到位，很有可能会带来信息安全管理问题，进而会对互联网金融业务的稳定、安全、可持续性发展造成严重的影响。

（四）法律风险

从目前来看，我国互联网金融还处于发展的初期，而互联网金融的健康发展离不开完善的法律监管规范体系，由于我国在互联网金融方面的法律监管一直以来都处于空白，也没有明确出网上交易的权利与义务，导致存在着较大的法律风险。

三、财务公司互联网金融信息安全风险形成的原因

（一）系统漏洞

计算机网络系统漏洞是互联网金融信息系统最为主要的安全隐患，主要体现在协议层面、软件层面、硬件层面，若不能及时做好计算机网络系统漏洞监测工作和防护工作，那么计算机网络安全必然会出现问题。

（二）移动存储介质

移动存储介质（如移动硬盘、U盘等）由于具有易携带、小巧方便、通用性强、存储量大等特点，而被人们广泛应用。但是这些移动存储介质较易染上病毒，易成为信息数据窃取者、网络病毒携带者，严重威胁到互联网金融信息安全。

（三）网络病毒的传播

虽然很多互联网金融信息系统都采取有杀毒软件、防火墙等安全防范措施，但网络病毒的传播仍然严重威胁着互联网金融信息安全。网络病毒的传播是指黑客人员在互联网金融信息系统中恶意添加各种非法程序指令和程序代码，有可能会导致互联网金融信息系统在短时间之内处于瘫痪，进而窃取资源数据和信息数据。

（四）无授权条件下的非法访问

有相当数量的计算机用户基于各种目的而对未被授权的网站予以非法访问，甚至在出现防火墙危险警告时，仍然置若罔闻。无授权条件下的非法访问很容易会导致黑客人员将用户银行账户、通讯账户、电子邮件账户及密码盗走。

（五）木马入侵

木马入侵主要是指在互联网金融信息系统中，有病毒以木马程序的形式来予以潜伏，在适当的时候将互联网金融信息系统中的资源数据和信息数据用远程控制手段来窃取。

（六）安全意识淡薄

安全意识薄弱是导致联网金融信息安全风险的主要原因之一，主要体现在以下一些方面：第一，对相关敏感信息不能妥善保存；第二，资金账户的登录密码、支付密码的安全强度较低；第三，在网上支付结算、资金融通、网络金融产品销售、投资理财时不注意安全，点击钓鱼网站；第四，不同网站使用相同的密码和用户名等。

四、如何加强财务公司互联网金融的信息安全管理

（一）加强计算机网络与信息安全工作

一是在员工大会上及时传达学习上级下发的网络与信息安全工作文件精神，进一步强化财务公司全体人员的信息安全观念，增强信息安全意识。牢固树立"信息安全，人人有责"的理念，提高信息安全管理水平和网络信息安全意识。制定完善《计算机设备管理办法》《信息系统安全运维管理办法》等内部管理制度，建立以各单位负责人为第一责任人的安全管理责任制，并制订安全管理细则，实行安全责任层级管理，全面落实网络及信息安全责任。

二是结合当前开展的标准化试点工作和绩效考评的相关规定，进一步健全完善网络安全制度建设。规范管理、规范操作，统一制作内外网识别标签，在内外网设备和接口的醒目位置分别张贴，杜绝因误插网线出现违规外联。严禁在内网网络上接入无线路由器等无线设备，杜绝内网及其终端违规外联行为的发生。

三是加强对互联网金融信息网络的内控管理，加大日常宣传和网络安全检查力度，让安全防范意识固化员工头脑。财务公司要定期组织人员对计算机网络管理进行安全检查，监控网络的运行状况，及时升级系统补丁，增强对病毒攻击的防御力，快速处理运行中出现的问题，确保计算机信息网络安全。

四是建立违规外联通报和追责机制,将违规外联纳入各个单位绩效考评,按月通报,按季考核。发生违规外联的,严格按"谁使用,谁负责"的安全职责进行责任追究。若出现违反规定造成计算机网络设备损坏,应承担赔偿责任并给予处理;要求泄密发生时,必须立即报告并采取补救措施,并且依据情节追究相应责任。

(二)不断引入和更新网络应用技术

财务公司在进行互联网金融建设时,可以积极引入信息加密技术、防病毒技术、防火墙技术、漏洞扫描技术等网络应用技术。为了能够增强安全防护力度,可同时采用网络版病毒防护软件和单机版病毒防护软件,将单机版病毒防护软件安装在各个计算机单机上,将网络版病毒防护软件安装在工作站,以便能够远程扫描数据资源,提高病毒清除效果和系统检测效果。此外,有条件的单位还可以采取"生物识别技术",生物识别技术包括人的面孔、骨架、指纹等人体特征,属于加强版的身份验证方式。

(三)深入源头检查,强化安全管理。

财务公司要定期开展互联网金融信息安全生产检查,重点检查机房、计算机设备、重要信息系统、网络及设备,深入查找信息安全隐患,对检查中发现的苗头性、趋势性问题,进行全面分析研究解决,从源头上遏制和消除互联网金融信息安全隐患。同时,注重风险防控,强化保密措施。严格按信息安全等级保护的有关工作要求,对操作人员的计算机及应用软件的登录账号及密码,根据定级等级进行风险评估,实施跟踪管理;强化对互联网金融信息系统重要数据的涉密安全管理,并定期进行数据备份,确保数据不泄露、不丢失。

(四)加强计算机网络的实时监测

网络检测是指对网络对象的安全性进行信息反馈、信息监控,一旦网络中存在着数据传输的情况,那么可通过神经网络数据分析、数据挖掘、入侵检测等多种措施来对数据的正常与否予以判断,进而预测是否存在着异常数据流、非法数据流。此外,还可以采取相应的安全防范技术来将异常数据流、非法数据流诱导到伪服务器、伪主机上,最大限度地避免出现计算机网络安全问题。

(五)建立起安全性控制的恢复与备份机制

安全控制是指在连接各个网络服务设备之后所采取的安全保障措施,能够有效地限制某些不合理控制。建立起安全性控制的恢复与备份机制,能够有效地防止出现误删重要文件、恶意篡改重要文件等情况。值得注意的是,虽然恢复与备份机制能够取得较好的效果,但是操作复杂,仍然存在着漏洞,还需要在未来的时间内予以有效完善,提高成功率。

总之,互联网金融在促进我国产业升级和金融产业发展创新中,尤其是企业集团财务公司在支持集团外延发展中起到了巨大的作用,但也带来了较大的信息安全风险隐患,为了确保互联网金融信息数据的可靠性、保密性、完整性,那么必须要高度重视互联网金融信息安全问题,以便能够更好地保障互联网金融实现可持续性发展。

第五节　互联网金融信息服务业财务风险分析

随着国家监管政策的出台,互联网金融信息服务业所面临的发展环境也在时刻变化,增加了相关企业面临财务风险的概率。鉴于此,互联网金融信息服务业想要获得良好的生存发展环境,就必须高度重视企业的财务风险分析与控制。本节通过阐述财务风险分析与控制对互联网金融信息服务业的意义,结合可能导致问题发生的内外部原因,找出存在于互联网金融信息服务业的财务问题,并给出相关解决策略,以期为我国互联网金融信息服务业的财务风险分析与控制提供一定的参考。

统筹互联网金融的发展历程,2005年前处于初始阶段,2005-2012年处于萌芽阶段,2013-2015.6处于高速发展阶段,2015.7-2016年处于发展、风险与监管并存阶段,2017年-至今,监管重拳下行业出清。2014年到2018年,互联网金融连续五年被写入政府工作报告,从2014年首次提到"促进互联网金融发展"到2016年的"规范发展",再到2017年的"高度警惕互联网金融风险",直到2018年的"健全互联网金融监管",我们从措辞上可以看出政府对行业发展的态度,也反映了互联网金融行业五年来经历的从高速发展到规范整治的历程。随着经济全球化的快速发展以及我国改革开放进程的不断推进,互联网的重要性越发突出。在这种时代大潮澎湃汹涌的环境下,互联网金融信息服务业所面临的市场竞争环境日趋恶化,来自外界不同方面的竞争压力以及各种内部不确定因素可能导致的问题都会使企业面临风险的概率增加。在这种前提下,互联网金融信息服务业的财务安全情况对企业的平稳运营意义非凡。企业如果不对自身财务的风险进行分析与控制,必然会使企业更难以适应市场环境的变更,给企业的发展增加重重障碍。因此,关于如何对互联网金融信息服务业进行财务风险分析与控制的思考,成为企业领导者必须重视的问题。笔者将在下文进行分析并提出相关构想,以供探讨。

一、风险分析与控制对互联网金融信息服务业的意义

想要良好的认识风险分析与控制对互联网金融信息服务业的影响,首先要了解什么是互联网金融信息服务业。金融信息服务业是金融产品的交易平台、分析平台和投资理财渠道,给用户提供最专业与即时的金融资讯,并以此在金融活动中创造更高价值的服务型企业。通过互联网技术的融入,使金融信息服务业的数据量获得大幅提升。对互联网金融信息服务业进行财务风险分析与控制,其意义深远且表现形式不同。从理论意义的角度来说,目前,国内的互联网金融信息服务业发展历程还很短,对于其财务风险分析与控制的相关研究体系并不健全,具体研究成果相对发达国家偏少。因此对于互联网金融信息服务业财务风险分析与控制的研究能很好地填补这一不足。从现实意义的角度来说,互联网金融信息服务业的发展水平与企业自身以及我国整体经济发展都有影响,良好的财务风险分析与控制能保证企业的财务安全,为互联网金融信息服务业的良好运营保驾护航。

二、互联网金融信息服务业财务风险的内部及外部成因。

(一)外部原因

近年来,互联网金融在我国呈现快速发展态势,对促进传统金融业务转型升级、解决小微经济体的融资难和融资贵问题、促进普惠金融发展以及提升金融服务质量和效率等方面发挥了积极作用,同时也在当前复杂经济形势下暴露出许多问题和风险隐患。我国政府部门对互联网金融的态度经历了一个从鼓励发展到严格监管的演变历程。2014 年,中央政府工作报告首次提及互联网金融,提出"促进互联网金融健康发展";2015 年再度提出"促进电子商务、工业互联网和互联网金融健康发展";2016 年的中央政府工作报告则表示要"规范发展互联网金融";2017 年强调要高度警惕互联网金融累积风险;2018 年,中央政府工作报告强调"健全对影子银行、互联网金融、金融控股公司等监管,进一步完善金融监管"。国家的监管政策陆续出台,重锤出击,监管的意图在于行业出清,为中国经济发展建立一道安全的防火墙。对互联网金融行业来说,不能让跑路或资金断裂等负面消息掩盖了其积极意义(弥补传统金融设施短板等)。风雨过后,在健康的竞争环境和发展空间下才能平稳前行。大浪淘沙后,行业内真正优秀的企业方能顺势起航。受国家监管政策的影响,互联网金融行业的财务风险也逐步暴露,只有积极拥抱合规,才能规避各种风险。

（二）内部原因

由于互联网金融在发展过程中尚未建立健全的监管机制，导致企业融资风险不断增大，财务管控难度加强。互联网金融行业的准入门槛没有具体的界定和要求，金融监管机构对一些违规的互联网金融企业不能做到全面监管，大大增加了互联网金融的风险，从而增强了企业的财务风险。

引发互联网金融信息服务业财务风险的内部原因可以归为三点。其一，对财务风险分析与控制所带来的积极意义缺乏足够认识，缺乏相关机构的设置和相关人员的安排。风险分析与控制体系仅针对企业资产的日常管理，没有将整个企业的财务风险管理列入目标内。其二，从事互联网金融信息服务业财务风险分析与控制的人员素质不足。由于互联网金融信息服务业科技含量较高、专业性质较强的特点，对企业内从事财务风险分析与控制的人员要求也十分苛刻。但就目前我国相关从业人员的整体情况来看，相关任职人员素质不足的现象较为普遍。先期入职时缺乏专业人才的引入，同时对后期需开展的相关培训工作实施不到位，导致人员整体素质在前期和后期都得不到保障，专业性不达标，不足以对互联网金融信息服务业财务问题提供良好的风险分析与控制。

三、互联网金融信息服务业财务风险分析与控制存在的问题

（一）政策法规难以监控而产生风险

长期以来，我国在互联网金融板块的监管机制一直处于不完善的状态，相较于传统企业，互联网金融信息服务业属于新型行业，传统行业经过长时间的发展其相关法规政策基本已经成型，对其经营中存在的问题也有专业人士不断进行研究探讨。但是互联网行业没有法规制度可以参考，直到互联网行业兴起后法规政策才开始建设，还未曾建立像传统行业一样接入到银行征信系统的政策，互联网金融信息服务业的信用难以得到保障。和其他行业相比，互联网行业的各项政策制度处于建设中，监管的范围、方式等都处于摸索状态，使在互联网金融信息服务业运营的很多板块都处于监管的灰色地带。比如，在互联网金融信息服务业的融资过程中，缺少完善的外部管理强制管理体系，毁约风险较大，投融资风险较高。而且相关法律法规的不健全也使机构管理能力受到限制，对互联网金融信息服务业的准入门槛缺少合理的审核标准。同时，互联网行业的发展较短也使一些投身于这个行业中的管理层缺乏经验，在经营中缺少明确的指导方向，管理能力有限、风险的管控能力较弱。

（二）信息安全难以保障

互联网金融信息服务业最大的特点就是信息网络联通，企业中涉及的账户管理、交易信息、客户信息等都属于企业的主要信息。在信息化时代，这些信息多储存在电脑硬盘中，当互联网金融信息服务业网站安全度不高时，给予不法分子可乘之机，通过安全漏洞盗窃企业的机密文件和资料，从而导致自身经营遭受损失。比如，当出现客户信息丢失问题时，给互联网金融信息服务业造成的危机更大。因为对互联网金融信息服务业来说，他们的经营模式和大家所熟知的制造业等不同，传统实业企业的客户多是长期合作对象，且其拥有实体资产，也使在和客户刚开始接触时就有较高的信用度，所以即便有客户资料的泄露，但经过及时挽救可以挽回大部分损失。但是互联网金融信息服务业选择客户的模式属于"大量小客"，客户来自全国各地，客户范围广阔可以给企业带来更多机会。但同时当互联网金融信息服务业发生安全问题，客户信息丢失再找回的概率就非常小，只能寄希望于以往的备份以及对数据的恢复，给企业带来了巨大的损失。

（三）管理不完善导致的经营风险频发

互联网行业的发展时间较短，其经营是摸索发展的模式，可以借鉴的成功企业经营的例子较少，而且对这方面的研究文献较少，投身于互联网金融信息服务业的管理层和领导层在企业管理上缺少完善的思想认知，其经营行为多带有主观色彩，使其管理制度并不完善，从而导致企业内部建设不健全，使企业内部各项活动在实施时极易引发风险。同时，不健全的管理也使互联网金融信息服务业在面对变化莫测的市场环境时缺少足够的防御能力，使企业经营风险频繁发生。

（四）个人信用体系不完善

在传统行业中，企业之间的合作多是先进行互相考察，同时伴随着对对方业务或经营的考察，客户在进行选择时也是从切身感受上判断，但互联网行业一切基于网络。互联网金融信息服务业之间的合作和业务运行可以视为脱离实体，客户对公司的考量、公司对客户的考量都是基于网络征信，这一点和传统行业的征信考量不同，大部分传统企业的征信都在银行的征信系统中，比较具有权威性。但是大部分互联网金融信息服务业的征信并未录入到银行征信系统中，对于互联网金融信息服务业的信用评价机构缺失，使互联网金融信息服务业在合作时面临的违约风险较大，降低了彼此之间的信用度，业务开展较为困难。比如，互联网金融信息服务业在进行网络融资时，其主要的职责是为资金盈余方和资金需要方提供一个桥梁，主要是提供信息服务。对互联网金融信息服务企业来说，信息的准确性直接影响他们的盈利水平，但是由于相关征信系统的不完善使收集到的数据较难达到高度准确。

（五）风险容易扩散

互联网的连通性使互联网金融企业发展的速度较快，但同时也导致互联网金融信息服务行业的风险易扩散，风险存在交叉传递的现象，可能使某个企业发生的经营风险演变成区域性或者系统性风险，导致整个互联网金融行业市场环境变得更加严峻，风险造成影响的面积不断扩大。风险易分散的特点也极容易导致金融诈骗的问题出现，对于准入门槛的要求设定和监管不严格，滋生了未挂许可牌营业的企业擅自开展各种业务，其自身管理的缺失导致风险发生的概率加大，从而成为风险扩散的"帮手"。

四、对易导致互联网金融信息服务业发生财务风险问题的控制措施探析

（一）加强相关法规政策的制定，整合网络借贷平台

互联网金融信息服务业风险频发的一个重要原因就是监管不到位，所以国家要加强对相关政策法规制度的完善，为互联网行业提供强力的外部制度准则，为其经营提供发展方向。与此同时，由于政策制度的不完善，互联网金融信息服务业借贷平台混乱，行业准入标准缺少强有力的监管使互联网金融信息服务业鱼龙混杂，进一步加剧了政策监管的难度。所以，政府也要重视对网络借贷平台的整合。从企业的角度来说，在遵守国家政策法规这些强有力的规章制度的基础上也要加强自身的主观意识，严格要求自身的经营行为合法且正确，积极配合政府对行业的整顿。

（二）深化互联网技术

"互联网＋"的模式使互联网金融信息服务业在经营中对网络安全性的依赖度较高，故而企业要重视对企业信息安全系统的设计和维护。首先，互联网金融信息服务业在引用相关的安全系统时需要考虑自身的经营模式和业务范围，针对自身发展的特点完善安全管理系统，使其能在企业经营活动中发挥最大的保驾护航效果。其次，高科技技术的快速发展也意味着新的网络技术出现，所以，互联网金融信息服务业对自身的安全系统要不断进行修缮，确保其安全保护功能可以一直发挥出最大的效果。

（三）完善企业的风控制度，优化财务部门职能

风险控制机制的建立能使互联网金融信息服务业在面临重大问题决策时可以有效地规避财务风险，或者采取最优措施降低不可避免的风险所带来的损失，比如面临如同经济危机、整体市场大萧条的情况，市场带来的风险难以全部管控和规避。而完善的风险控制制度可以为企业在经营中可能产生的风险进行识别，对于可能导致企业经营受到损失的风险通过预警机制及时通知管理人员，督促其采取措施。而且目前互联网金融信息服务业在整体的内部建设中不完善，其自身内部制度并不完全切合企业的发展，风险控制体系可以通过风险发生的频率、地点等对企业内部机制的合理性进行简单判断。故而在国家针对互联网金融信息服务业的政策金融导向尚不稳定的前提下，提高企业风险控制意识，加强风险控制机制的建设十分必要。同时，企业风险控制的机制还需财务部门的配合，所以优化财务部门职能也是十分重要的。财务部门要积极履行监管职能，才能将风险控制机制长期且有效的加以实施。不断借鉴参考先进的风险控制机制，从而对互联网金融信息服务业的风险控制机制加以改革创新，以此对企业的财务风险控制起到推动作用。

（四）加强信誉评价体系建设

互联网行业中客户的信息收集全部基于网络数据，这也是由于其客户广泛分布的原因，所以互联网行业也需要一个客户征信评价系统，这个系统的建设具有过程性，所以互联网金融信息服务业也要加强自身内部的信誉评价系统，对客户信息数据的收集、核查等进行严格的管理。同时互联网金融信息服务业要加强相互之间的信息交流，相互协助，完善客户的信息，同时也可以加快总体征信评价系统的建设。

（五）构建线上线下相结合模式

虽然互联网金融信息服务业的主要职责是提供信息服务，但是也担负着信息服务准确度的风险，所以在涉及大额资金的业务时，互联网金融信息服务业可以采用线上线下相结合的模式对借贷双方的征信进行调查，增加有效数据量，从而对借贷双方的征信进一步做出评价。另外，互联网金融信息服务业还要建立相应的评价级别，给予借款人较充足的信息判断借款的风险，同时也提高了企业的竞争力，增加了企业经营效益。

在目前我国经济水平高速发展、市场整体环境日新月异的背景下，互联网金融信息服务相关企业想要在角逐激烈的市场竞争下保证企业的生命力，实施良好的财务风险分析与控制是必不可少的。企业应将对互联网金融信息服务业的财务风险控制

与分析作为一项企业战略加以长期的实施。并且需要企业从文中所提及并分析的各个角度出发，各个部门积极交流、认真思考、通力协作，保障互联网金融信息服务业的财务风险分析与控制，给企业带来良好的效果，为我国的经济发展增添新的光辉。

第六节　互联网金融背景下企业财务风险规避

自世界经济进入 21 世纪以来，全球以互联网电子信息技术为引领的信息行业已经取得了十足的发展进步。互联网信息技术的应用和普及，给各行各业的生产发展和人们的生活方式带来了十分明显的变化。在关于世界经济发展运行的金融领域，互联网高科技与传统金融的深度融合已经各界人士瞩目的焦点。因此，如何在互联网金融运行的条件下，高效率地规避企业财务管理之中的风险就值得学者和企业管理人士进行深入的思考和研究。本节从互联网金融的内涵和特点出发，接着分析了互联网金融背景下企业财务风险的类型，最后提出了互联网金融背景下企业有效规避财务风险的对策路径，以促进企业在互联网金融大发展的背景下实现健康发展。

一、互联网金融发展概述

（一）互联网金融的内涵

随着互联网信息技术的发展进步，互联网与各行各业的深度融合已经成为全球经济的发展方向。近年来，互联网金融一度成为网络热词，与之有关的事情也层出不穷。就概念来说，互联网金融是指，现代化的电子互联网技术与传统的金融行业高度融合，在资金的使用和筹集过程中，高效运用大数据、云计算、网上支付平台等信息化手段，提高资金流通和使用的便捷度和公开度。目前发展正盛的网络电子第三方支付和网上借贷款等均属于互联网金融的重要组成部分，国内的淘宝、天猫、京东、苏宁易购和国外的亚马孙等线上电子销售模式的成功发展，表明了互联网金融已经走进人们日常的生活，并给人们的生产生活带来了明显的改变。同时，从一个行业的发展实质来看，互联网金融属于一个新兴的发展业态，也可以说是电子科学技术时代金融行业在经营结构和发展理念上的新转变。这种转变，让金融行业的服务业态、服务范围以及服务的对象更加自由灵活，展现了互联网时代给金融领域带来的时代变化。

（二）互联网金融的发展特点

可以说，互联网金融机构和相关电子软件的发展使用，既给现代社会的公司企业和人们随时管理资金带来了便利的条件，但同时也难以避免地引入了很大的风险性。总的来说，互联网金融行业发展主要拥有以下两个优点。首先，开放性的发展特点。互联网金融整体的操作运行都离不开电子计算网络的使用，交易的双方都依靠网络交易完成，整个过程都具有开放性的使用和发展特点。可以说，所有互联网金融的活动都可以通过线上交流完成，金融产品较以往传统的金融借贷也更具公开透明性。其次，互联网金融具有数据化的发展特点。在"互联网+"高度融合的发展时代，"大数据""云计算"等数据信息统计功能得到广泛应用。在互联网金融中，可以通过数据软件分析贷款人的信用条件和贷款的风险情况等，便于为金融机构决策提供正确的判断。当然，不可避免的是，互联网金融作为世界经济发展中的新事物，在发展过程中也具有不完善的方面，主要体现在以下两点。首先，互联网金融在发展过程中具有安全风险比较大的使用特点。在互联网金融的发展过程中，双方需要通过电子计算机在网上操作运行，这就要求网络的运行环境、电子设备和网络媒体都具有高度的安全保障，否则将会为近代双方带来难以估计的损害。其次，具有操作使用威胁范围广的发展特点。互联网金融的资金使用和支付都是通过网上进行，一旦网络支付出现问题，将会直接影响金融交易的合规性和合法性。同时，互联网进入国内也容易成为有关人员相互勾结、做假账和洗钱等违法犯罪行为的工具。

二、互联网金融背景下企业财务风险类型分析

企业财务风险是指，企业在经营过程中没有与受到国内外宏观经济政策的改变和调整、市场整体经济环境的转变和企业在自身经营决策上的错误决定等原因，导致企业的主营业务或其他重要业务在资金使用和安排方面出现严重不匹配的情形，也就是说，企业整体上的资金收益大幅度低于正常的预期收益，甚至导致资不抵债的情况。关于企业财务的管理使用中，如果按照资金使用风险的内容来划分，可以大致分为业务运营、资金使用、收益分配、企业投融资等方面的经济风险。可以说，在互联网金融行业不断获得深入发展和使用的今天，企事业单位的财务风险在发生的范围和可能性方面正在不断地延伸扩大。具体来讲，企事业单位在经营管理中出现的财务风险一般包括下述的三个方面。

（一）企业财务数据泄露风险

在现代化的企事业单位财务资金的运营使用过程中，财务资金的管理和操作应

用可以说是一个企业信息资源管理和保护至关重要的数据内容。但随着电子计算机技术的发展，企业的财务数据管理在变得更加便捷的同时，也面临着财务数据泄露的风险。这些财务数据包括企业资金的投融资和回报率，将直接影响企业的经营决策和市场评价。

（二）企业财务系统操作不当风险

在企业的经营发展和资金管理使用过程中，由于现代化的电子计算机信息科学技术的不断发展和应用，企事业单位的财务管理操作应用系统与现代化互联网的融合使用变得越来越密切。但我们也要认识到，在互联网财务管理使用系统使企事业单位的财务工作运行变得更为方便快捷的同时，也带来了操作不当的风险。可以说，如果企业财务管理的工作人员稍有不慎，或是在被黑客攻击篡改的网站输入了企业重要的财务信息，就将给企业的长远发展带来难以估计的损害。

（三）法律环境缺失风险

当前，互联网信息技术在世界范围内的发展取得了重大进展，同时针对互联网尤其是互联网金融发展的法律规范却并不够健全，与此相关的一些规章和制度也不够完善。比如，很多互联网金融行业的市场准入、交易环境以及相关的售后维护并没有统一的工作标准和维护准则。总体上来讲，互联网金融相比较于以往相对保守的金融行业，在组织和管理方式上要更为松散，这给与互联网深度融合的金融行业的发展运行带来了不小的经营风险。因此，为了互联网金融行业和市场经济的平稳发展，必须将该领域的法律维护和保障问题作为重要工作对象。

三、互联网金融背景下企业财务风险的规避路径

（一）企业树立财务管理风险意识

目前，企事业单位的财务会计管理工作对网络信息技术操作应用的需求不断增强，这也要求负责财务工作的企业员工提高对电子财务会计系统的使用技能。一方面，工作人员要真正树立企业财务风险意识。目前，很多企业虽然不断强调财务数据管理的重要性，但最重要的仍是企业财务人员在工作中保持谦虚谨慎、认真负责的工作作风，同时不断提升自身对于企业财务资金管理的能力和水平。另一方面，在企事业单位日常的经营管理过程中，应该随时关注企业内部资金的使用情况。

（二）加强行业资金使用的监管力度和水平

在互联网金融大发展的背景下，国家政府以及相关的行业协会应该推动建立各

行各业适用的监管条例和法律规范。同时，在媒体信息技术大发展和网络数据不断公开分享的背景下，广大公民也可参与对各行业和相关企业资金使用情况的监督。总体来说，为了确保互联网金融行业能够实现稳定的发展运行，有关的责任机构需做好以下两点安排。第一，国家有关单位要尽快增强对互联网金融行业的法律规定，不断明确和规范互联网金融行业经营的实际范围和工作业务的具体内容。第二，需要针对互联网金融行业的发展制定具体适用的监督和管理方法。在互联网金融的监管过程中，就需要各个地区和各个行业乃至各国政府的协同努力，共同合作，共同完成重要项目、重要领域的监管工作。

（三）优化提升财务数据管理的技术水平

近年来，互联网电子科学技术不仅在操作能力和运行速度上取得了十足的发展和进步，在应用的广度和深度上也有了非常大的发展突破，具体表现在以下三个方面。第一，是财务数据管理的认证技术。财务数据管理的认证技术主要是指工作人员的身份认证。具体来讲，就是企业的财务工作人员能够安全顺利地进入财务管理系统，进而完成企业财务工作的有关操作和交易。目前，主要的认证技术包括工作人员指纹的识别、面部的解锁以及声音的控制等认证方法和手段。第二，是财务数据管理的加密技术。很多企业财务资金的周转和投资使用，都是通过网络线上交易完成，很多的重要财务数据信息都是通过计算机传输。如果出现重要的数据泄露，将给企事业单位的财产造成不必要的损害。第三，是企业财务数据的防范技术。黑客对于企事业单位电脑和应用系统的侵袭已经成为世界互联网技术在全球范围内的操作难题。企业在财务数据管理中，可以通过安装防火墙、电脑安全管家等现代化操作软件，以期能够有效做到抵御黑客的攻击侵袭，切实保证企事业单位财务管理工作的良好运行。

第六章 大数据时代 互联网金融企业财务风险控制

第一节　大数据的互联网金融企业财务管理

随着互联网和信息技术的进步，云计算、大数据等技术逐渐走向成熟，被应用于各个领域。互联网金融企业顺应时代潮流搭上了大数据的班车，大数据技术在财务管理中的应用，不仅提高了企业财务管理的水平，还提高了企业风险防范的能力。那么，大数据与互联网金融企业还会擦出什么样的火花？大数据如何推动互联网金融企业的发展？基于对这些问题的探讨，本节以互联网金融和大数据技术的概述为切入点，分析了大数据给互联网金融企业财务管理带来的影响和变革，并进一步讨论如何利用大数据技术提高企业财务管理水平，以供参考。

经济全球化的趋势下，各行各业都在探索新的发展模式。在金融业，从传统金融模式到金融互联网再到如今的互联网金融，各种模式的探索与实践让互联网金融企业得到了快速发展。进入无现金支付时代，以支付宝、财务通、易通支付为首的第三方支付企业逐渐走向成熟。但随着人们对无现金支付的认可，市场出现了很多此类的互联网金融企业，市场竞争也在无形中加剧，为了稳定在市场中的位置，企业不得不加强自身的管理，尤其是财务管理。在加强财务管理方面，部分互联网金融企业将大数据技术引用于财务管理当中，其一是大数据技术不仅可以提高企业的财务管理水平，还能稳定互联网金融系统的运行防范网络风险；其二是大数据技术明显的优势能够细化财务管理，降低企业的运营成本，实现经济效益最大化。

顾名思义，互联网金融 (ITFIN) 是金融功能与互联网技术的结合，且两者的有机结合是建立在网络安全技术的基础上，被电子商务接受之后，逐渐成为满足时代需求而产生的资金融通、支付、投资和信息中介服务的新金融模式。

基于互联网金融，人们的理财方式正在发生着巨大的改变。人们会将更多的钱存入更高利率的余额宝中，开启了无现金支付的时代，会通过蚂蚁花呗实现借贷……在人们消费和理财方式的变化趋势下，越来越多的投资者看到了互联网金融的商机，我国互联网金融企业的数量也在短时间内翻了几倍。互联网金融共有六大发展模式，涉及众筹、第三方支付、P2P网贷、数字货币、信息化金融机构和大数据金融。现阶段，前三个的发展优势较为明显。互联网金融除了发展模式众多，其特点还十分明显，基于计算机信息技术具有应用成本、低覆盖范围广、效率高等特点，极大地推动了相关企业的发展。但是，在互联网金融企业发展的初期，还有风险大、管理弱的明显劣势，客观上这是难以避免的，随着互联网金融企业趋向成熟，这些劣势很难彻底消除但会被逐渐淡化。

所谓大数据，就是海量数据的总和，而大数据技术就是对海量的数据进行整理、分析，得到我们需要的数据分析结果，应用于相应的领域。大数据技术的概念是有些空洞的，它的实际操作远比我们想象的难。其一，数据本身的种类繁多，信息量很大；其二，大数据分析需要运用大量的理论和分析模型，这些理论与模型的应用对分析人员的高数水平有一定的要求。

大数据技术的特点有很多，但总结起来体现在以下两个方面。第一，它使海量的数据更有价值。数据的价值往往以它能给人们带来的利益来衡量，这里的利益是指人们通过合法的劳动获得的，而不是通过非法的犯罪行为利用数据信息获得的。海量的数据本身作用是不大的，而在分析后，这些数据就能反映更多元的信息，它的价值自然会更大。第二，它使海量的数据更加实用。用"实用"这个词来形容虽然有一些不恰当，但是能贴切地表达大数据分析的特点，也很通俗易懂。单一的看某一类数据很难发现其中的"奥秘"，通过分析之后，结果往往预示着某一个领域未来的发展方向，这对企业的发展非常重要。基于这两个鲜明的特点，人们才会越来越重视大数据研究，其应用也逐步扩大到各个行业。

一、大数据技术对企业财务管理的影响与变革

（一）财务信息化，财务管理更加精确

大数据技术的发展，打破了现有数据处理的局限，构建了一个全新的财务信息化格局。会计电算化是财务信息化的开端，但如今财务信息化已经不是简单的电算化核算，而是建立在共享的基础上，将财务管理系统与企业多个部门的数据系统，构建成一个综合的信息处理中心。基于此，企业的财务管理流程更加优化，实现了各部门不同业务的资金协调，财务管理更加精确科学。

（二）提高了财务管理的风险防范能力

长期以来，信息不对称一直是阻碍企业发展的主要原因之一。而大数据技术的应用前提是数据库的建立，数据库收集信息的渠道众多，为企业带来海量的信息资源的同时，大大降低了信息不对称为企业带来的风险。除此之外，当今的市场环境变化莫测，风险随时可能发生，在财务管理中应用大数据技术能够实时获取当前市场的风险变化。结合企业目前发展现状和未来的经营趋势，通过海量数据的深入分析得到的结果一定程度上具有前瞻性，能够辅助企业决策层作出科学合理的财务决策，财务管理的风险防范能力也得到了提高。

（三）企业财务预算编制更加细致合理

对企业未来某一段时间的发展预算的编制是非常重要的，其是企业实现经营目标的保障。而在财务管理中应用大数据技术，可以充分利用企业以往的财务数据，通过多角度、多维度的收集、分析和整体，让企业财务人员从以往的预算中找到不合理的地方，同时找到行业未来的发展趋势，使企业财务预算编制更加细致合理。

（四）非数字化财务信息的应用更深入

过去对企业财务数据的分析基本都是建立在数字信息的基础上，而大数据技术的应用，在数字信息的基础上还能分析图片信息、文字信息，甚至是人们的行为特点和思维方式。这种对非数字化信息的分析，无疑会提高企业财务管理水平。除此之外，大数据技术还有信息筛选的功能，还能智能地分辨有用的信息和无用的信息，将此功能应用于市场分析中，能帮助企业开拓市场，使企业的发展又迎来一个"春天"，更有活力与创造力。

二、如何利用大数据技术提升互联网金融企业财务管理水平

（一）培养企业管理层大数据技术应用意识

对于数据分析，企业的财务管理层相对陌生。大数据技术应用之前，他们的决策大都基于传统数据的分析，同时也会增加主观的经验，决策是在"差不多""大概""极可能"中形成，这种决策还是存在一定的风险。除此之外，传统数据分析的成本过高，一般中小型企业还是以经验为主。如今大数据技术趋向成熟，数据分析的成本比较低，企业也有经济基础应用大数据技术。想要利用大数据技术提高企业财务管理水平首先要培养企业财务管理层大数据技术的应用意识，虽然"大数据"三个字已经渐入人心，但是真正理解大数据技术的企业管理层并不是很多。因此，先需要培养企业

管理层的大数据应用意识。

（二）将财务管理工作从财务部门抽离，建立专业的财务管理机构管理核心的财务数据

为什么利用大数据提高企业财务管理水平需要单独把财务管理工作从财务部门抽离，主要的原因是企业管理建立在商业数据的基础上，而行业的商业数据最终会以财务管理数据的形式出现。与企业业务相关行业的商业数据相比，不仅数据量大而且种类多，因其最终以财务数据方式呈现，所以让财务管理人员管理这些数据，具有较大的优势。而且，现阶段财务共享逐渐发展起来，在这种模式下会计核算工作会得到进一步的简化，从这个角度出发，商务数据由财务人员管理具有一定的可行性。当然，这只是一种大胆地创新，具体可行性的判断还需要大量的实践。需要注意的是，如果将财务管理从财务部门抽离，基于大数据技术还需要配备相应的非财务人员，尤其是统计专业人员和计算机技术人员。

（三）基于企业的实际情况建立大数据库

利用大数据提高财务管理水平的第三个要求就是，基于企业的实际情况建立大数据库。某种意义上只有基于企业自身的情况，建立的数据才能发挥大数据技术应用的最大应用。以农夫山泉为例，集团安排了一万多人对全国各地的 15 个采集点拍摄十几张图片及时传送到集团内部的数据中心，留存在数据中心以供集团各部门后续使用，财务管理和销售管理水平的提高迅速使农夫山泉公司超越了行业三甲。与此同时，娃哈哈集团、沃尔沃集团、乐百氏以及可口可乐相继将大数据应用于企业管理中。除了收集与企业自身有关的信息，还要注重收集市场外部的信息。

（四）建立有效的财务管理绩效考核机制与内部审计机制

基于大数据技术的财务管理，虽然可以多角度的提高企业财务管理水平，但同时也会给财务管理绩效考核与内部审计带来麻烦。所以，利用大数据技术提高企业财务管理水平的最后一项要求就是建立有效地财务管理绩效考核机制与内部审计机制，传统的财务管理工作很难量化考核财务管理的数字化管理，所以建立绩效考核机制至关重要。对企业而言，财务管理人员的工作积极性十分关键。与此同时，虽然大数据技术可以有效地监督企业的财务行为，但是内部审计也不能少。企业的内部审计与内部控制有非常密切的关系，一定程度上只有加强内部审计的基础才能进一步完善内部控制。

总之，第三方预付卡、第三方支付将成为未来主流的消费方式，市场的竞争短时

间内缓解的可能性很小。因此,企业需要做好自身的财务管理,防范财务风险。基于大数据技术的优势,积极将其应用于企业的财务管理中,是一个明智的选择。但在利用其提高企业财务管理水平时,企业应该有一个完整的计划,盲目的应用效果或许会适得其反。

第二节　大数据时代金融衍生工具财务管理风险

在企业中,对于运用金融衍生工具财务管理风险的研究资源是非常紧张缺乏的。对于金融产品的交易和后续处理,可以通过大数据的分析方式挖掘出其潜在的价值和未来可能出现的红利风口。这样一来既可以帮助企业建立预警机制规避可能遇到的财务风险,同时可以通过互联网思维将被处理过的大数据结果运用到后续的企业风险评估当中,从而能够依靠大数据的作用为企业的金融理财工具带来温和的发展土壤。

企业的风险管理是财务管理系统当中较为重要的内容,且其目的主要是关注现金的流动性在一定程度上的减少。在国外,关于企业财务管理风险已经被实证的研究已经有几十年了,在这个领域中也取得了一定的成果,究其原因主要是外国市场得资本主义化比较成熟,发展和成长得比较早。随着大数据的发展和不断地进步,学术研究者们大胆地通过相关数据方法,将大数据的处理能力运用到企业风险管理当中,并在此基础上建立适当的风险管理评定制度,且取得了一定的进展。本节主要通过衍生工具与财务管理风险研究的前沿、基于大数据的发展时期应用的现状、基于大数据下企业财务管理内容相关体系的构成三个方面来进行研究分析。

一、衍生工具与财务管理风险

企业在财务管理方面的风险主要存在于汇率、利率以及商品价格之间的波动。此类能够管控企业现金流的金融工具可以分成远期合约、期货合约、期权合约以及互换合约。根据国外相关研究表明,美国企业管理汇率风险最常用的方式就是通过金融工具或金融衍生工具。汇率风险主要是利率和现金波动风险,这些研究不仅仅包括了管理风险的类型,还包括了金融工具的特性。对于任何一个企业来说,研究相关问题必定有其实际的应用价值,最关键的在于被研究对象如何对企业进行风险管理。但是此类研究,国内却尚未涉及。

随着国内金融工具的不断发展与变革,金融衍生工具运用在企业财务管理上的作用越来越广泛。近几年,国内外相关企业开始注重金融工具的研究,其中主要包括对于不同的金融风险更适合哪一种金融衍生工具,并且针对部分金融衍生工具与企业财务管理风险一一对应,总结出一套具有权威性的企业财务风险管理体系。除此之外,目前的研究结果更多集中在汇率以及利率、商品价格波动的风险之间,对于金融衍生工具在财务风险、经营风险、系统风险以及非系统风险当中的应用,具有挑战性。所以对于企业来说,在运用金融衍生工具的过程中,需要解决的问题还有很多。不同的企业财务风险需要不同的金融手段进行介入,这需要更深入地研究和探讨。比如:对于企业财务管理风险的预警机制来说,应该如何与金融衍生工具有机融合,建立针对企业自身的风险管理机制;在企业进行投资过程中,运用不同的金融衍生工具会产生什么后果,此后果是否能够被企业所承受;在风险发生之后,企业能否通过某种手段保障自身的安全;通过何种制度和金融衍生工具才能保持长时间的有效性和可靠性。这些问题都将通过研究进行阐明,这也是目前我国学者尚未完全涉足的金融研究领域。

二、基于大数据的发展时期应用现状

互联网时代下,大数据的应用已经被人们普及,基于大数据形成的产业也成为当下最为火爆的朝阳产业。随着互联网时代的不断发展,人们在网络上的一举一动都会导致数据的变更,从而影响到潜在的因子。联合国在 2012 年发布的大数据统计表中显示,大数据在如今已经对越来越多的行业产生了深远的影响,一旦失去大数据的作用,会有超过一半的行业陷入发展停滞状态,并且在未来将会形成基于大数据模式下的产业氛围。对于大数据的研究已经在全球掀起一股浪潮,各国都在投入巨大的人力财力支持关于大数据研究的相关行为,这也为大数据的飞速发展起到了推动作用。

对于大数据来说,通常指的是数据资料极其庞大,无法在短时间通过某个软件进行分析处理的信息。与传统数据不同的是,大数据除了有巨大信息量,还包括对于信息的分析、处理和应用,以实现大数据的潜在价值。大数据具有信息量大、种类多、处理速度快等特点,其并不仅仅依靠传统的随机抽样的方式进行分析,更多的是通过大数据的信息载量,对未知的信息进行计算,从而得出对应的结果。除此之外,由于大数据数据量巨大,以至于我们无法确定数据具体的使用方式和目的。

但是为了迎合大数据下的研究内容,就需要学者通过相关的手段来进行更加细致的研究,主要包括:①预测方式。构建一种预测方式,可以通过大数据当中的有限海量信息,推算出未来可能发生的事件以及企业未来可能出现的风险等;②聚类的方法。根据这些数据的特征来将一个完整的数据分解成不同的集合；③关系挖掘的方法。探索出这些数集之间的变量关系，并将这种关系看作是有规则的，从而来进行编码的处理；④使用一种较为通俗的语言与习惯。对部分数据的潜在特征进行快速描述；⑤对于数据模型的构建方式。可以通过相似数据的划分构建分析同一类别数据的模型。在大数据背景下，最早阿里巴巴公司开启了对用户行为的数据挖掘，从而发现买家在购物时越来越少地进行沟通，并且国外在中国采购的数量也逐年减少。这使阿里巴巴在半年之前就预测出了未来的发展形势，从而巧妙地躲过了一次金融危机。另外，国外的一位企业家也曾用大数据对可能出现的自然灾害进行了精准的预测，这证明通过大数据的分析手法，可以提前一年甚至两年预测出未来可能发生的灾害。还有更多的例子都是通过大数据的深入分析与挖掘后被知晓的，可见大数据的应用已经远远超过了自身所拥有的价值。在资产化、服务化数据转型过程中，利用数据的特点为无数企业带来了无限的效益。通过大数据的深入分析，找到市场中可能存在的机会，进而为企业未来的投资战略起到更加实用的帮助。但是对于此类问题来说，国内仍然处于初步发展阶段，所以需要结合现有的资源，进行更加深入的研究。

据此，对于大数据相关内容的引入，很大程度上就是一种企业运营方式的引入，也是在金融产品交易数据和网络数据测评的一种研究方法的创新。但对这些数据进行深入分析的条件就是通过大数据应用到各类衍生应用当中，从而通过其内在规律帮助各大企业在合理的情况之下避开财务的风险。

三、基于大数据支撑之下企业财务管理风险分析的构成体系

互联网的迅速发展兴起支撑着信息的搜集，而且更多信息的搜集很大程度上不是通过用户主动去搜集分析的，而是通过大数据直接呈现在受众面前，这种技术的革新为个人以及企业带来了无限的便利。

大数据的产生是进入到互联网时代才开始出现的，而对于大数据应用，在当今也已完全普及。在大数据分析的过程中，数据越多就越存在特定的程序以及公式，利用计算机分析的数据就越透彻，就可以最大程度地了解其潜在的联系。比如，在保险公司当中就有数据可以表明每一位车主的驾车习惯以及驾车时间区间等，在此基础上还可以根据大数据的分析，得出在停车库的安全系数等。这些一系列的大数据分析与比较就是为了对车主的相关权益进行一定程度的保障，同时也可以了解客户的习惯以及平均消费在怎样一个水平之上，以便于向其推销相符合的产品。

大数据普遍都存在一些固定的基本特征，如，变化速度快、种类繁杂多样、准确性

高,并且伴随着互联网科技的不断进步与飞速发展,其已经成为时代的发展标志,这对传统的数据分析以及处理带来了空前绝后的挑战。

在大数据时代,企业的相关活动会造成一定的风险,并且由于市场环境的不确定因素过多,从而导致企业的经济活动会存在一定的风险。然而在财务危机的警示之下,为了可以更快捷方便以及准确地预测出相关企业是否有财务风险,最有效的办法就是通过较为全面的方式,侧面反映出企业自身所处的市场环境。

对于正在兴起并发展的企业财务预警机制的研究,都是针对大数据下的财务指标创立的。在企业财务指标创建过程中,学者们通常会使用经济维度对研究模型进行构建,并且带入有效的验证信息,从而获取更高级别的标准内容。例如,相关公司在濒临破产前一年之内的预测成功率可以达到95%,但是在企业内部财务指标信息中往往存在严重漏洞与滞后。对于此类财务指标滞后的现象是经济学者较为喜欢的研究方向之一,他们在研究的时候就已经认识到了财务指标预测财务风险具有一定的局限性。国外相关研究证明,在非金融手段上,其预警是有一定效果的。但在具体操作实施的过程中,大数据的维度和数量影响非财务指标进行测算,在企业财务预警系统当中没有形成固定的预警点。但是随着大数据的出现,上述问题得以轻松解决,企业相关人员可以通过大数据处理分析手段,将数据引入到企业预警机制当中,通过大数据背后的海量信息,为企业提供更多的有效帮助,最大程度规避金融风险对企业的影响。

在互联网浪潮之下,企业对于金融工具的研究是十分缺乏的,特别是在企业管理方面,而这是企业经营者最为关心的内容。在投资金融衍生工具中进行财务风险的管理,存在着各种各样的风险问题,对于这些问题能否建立长期有效的预警机制,通过大数据的方法分析依存于金融衍生工具的交易数据和网络数据的规律性。根据大数据的模式,可以把这些毫无头绪的数据进行一定的整理,变得有技术化,再引入到预警的模式当中去。这些就是在基于大数据时代之下对于金融衍生工具发生的财务管理风险的一个应用和研究,在能够预测将要发生金融危机时进行巧妙的规避,也是风险预警的一个重要过程与应用。

第三节　大数据与互联网供应链金融风险管理

互联网供应链金融是传统供应链金融与互联网深度结合之后的产物。伴随着信息技术的飞速发展,供应链金融已经从最初的基于上下游购销关系的简单链条发展成为理论上没有边界的复杂网络,其交易结构也随之变得更加复杂。互联网供应链金融是一个创新层出不穷的领域,其理论已经远远落在了实践之后。与传统的供应链金融相比,互联网供应链金融的风险控制已经不再依赖融资企业提供的抵押物或者出具的与供应链上核心企业存在交易关系的证明,而是依靠大数据技术来获取融资企业的全景式图像,并通过有效的信息治理来解决中小微企业的融资问题。但运用大数据技术进行互联网供应链金融风险管理也面临着不少问题,需要互联网供应链金融的供给者有针对性地加以解决。

一、互联网供应链金融风险的内涵

供应链金融的本质是对物流、信息流以及资金流在不同企业、不同行业之间进行整合,这一点并没有因为供应链金融发展到互联网供应链金融这个阶段而有所改变。但互联网供应链金融拓展了供应链金融交易的边界,丰富了供应链金融交易的结构。通过横向、纵向及斜向的价值链,互联网供应链金融不仅能够实现物流、信息流及资金流在上下游之间的有机结合,而且能够实现物流、信息流及资金流在不同行业之间有机整合,并最终形成一个没有边界的"生物圈"式的巨型网络结构。

互联网供应链金融风险是指基于互联网供应链中物流、信息流及资金流的实际运行情况与互联网供应链金融的参与方预期的情况产生偏离,导致其遭受损失的不确定性。互联网供应链金融拥有广阔的交易边界及复杂的交易结构,其风险特性主要有三个,即动态性、传导性及复杂性。动态性是指互联网供应链金融的风险处于不断变化的过程当中,供应链所处的外部环境、供应链的运营状况、供应链交易边界的扩张以及交易结构的变化等都是导致供应链金融风险不断发生变动的诱因。供应链金融与互联网深度结合之后,能够引发风险变动的因素急剧增加,导致重大损失的风险概率也更大。传导性指互联网供应链金融风险会在参与者之间进行传导,某个参与者出现的风险,会通过横向、纵向、斜向的价值链传导至上下游企业以及其他相关行业,并给其他参与者造成损失。互联网供应链金融依托互联网,较之传统的供应链金融,其风险传导速度更快,波及主体也更多。复杂性是指互联网供应链金融的风险来源比较复杂。互联网供应链金融的风险既可能是源于产业供应链的风险,也可能是源于金融领域的风险。换句话说,供应链金融风险不仅来源于供应链的外部环境、交易网络和交易结构,还来源于各种金融风险,如信用风险、市场风险及操作风险等。

二、大数据在互联网供应链金融风险管理中的作用

供应链金融风险所具有的动态性、传导性及复杂性的特性在供应链金融与互联网深度结合后变得更加突出和敏感，使得互联网供应链金融的风险来源和风险结构变得更加复杂。参与者的违规行为、经营模式的缺陷、业务流程设计缺陷以及操作过程中的各种失误等都能够引发风险并通过传导效应迅速波及整个供应链。与传统的供应链风险管理相比，互联网供应链金融风险管理最突出的特点就是通过应用大数据来强化信息的管理和利用并达到控制风险的目的。所谓大数据，是指以多元形式，通过许多来源搜集的庞大数据组，往往具有实时性。大数据的来源包括社交网络、电子商务网站、顾客来访记录等。大数据可以帮助互联网供应链金融实现信息全生命周期的管理，从而实现有效的信息治理。

互联网供应链金融利用信息替代了抵押或质押。在传统的信贷业务中，金融机构为了降低自身的风险，往往要求融资企业提供相应的抵押或担保。与传统信贷相比，供应链金融最大的优点在于其放松了对融资企业抵押担保方面的要求，从而使许多难以满足传统信贷要求的企业尤其是中小企业获得了融资的机会。供应链金融降低风险的方式不再是要求中小企业提供抵押担保，而是依托中小企业与供应链上核心企业之间的真实交易，由核心企业变相承担了相应的担保功能。随着供应链金融发展到互联网供应链金融阶段，核心企业的担保功能不断被弱化，互联网供应链金融服务的提供者更加依赖通过加强对中小企业的综合评估，强调供应链上的业务闭合来控制风险。对融资企业的综合评估涉及基本素质、偿债能力、营运能力、盈利能力、创新能力、成长潜力、信用记录以及所处行业状况等诸多方面。大数据技术的运用使得互联网供应链金融服务的供给者可以获得关于融资企业的相关信息，通过综合评估，可以获得针对融资企业包括硬信息和软信息在内的全景式图像，通过建立科学的评估指标体系并运用适当的评估方法，就可以为放贷决策提供坚实的基础并降低放贷风险。

三、大数据在互联网供应链金融风险管理应用中存在的问题

（一）获取和处理大数据的成本较高

与互联网深度结合的供应链是数字化的供应链。大数据是支撑互联网供应链金融的重要基础。大数据技术运用的关键在于实现供应链业务活动的实时数据化，并形成持续不断的数据流，通过对数据实施有效管理来降低互联网供应链金融所面临的各种风险。因此，要拥有反映供应链上关于生产、物流、资金流等动态的实时数据

流,就必须建立一个能够覆盖整个供应链网络的基于云计算的产业互联网体系。

在实际操作中,实现上述目标会面临来自两方面的困难。首先,大数据处于分割的状态。大数据是互联网供应链金融实施风险管理的基础,但全国的大数据却是由许多相互隔离的"信息孤岛"构成的。单一的平台一般而言只能掌握一维或几维的数据,风险管理需要引入众多的外部数据,但某些极具价值数据的数据源却被分散掌握在不同政府部门或企业中,这就降低了风险管理的效果。其次,数据处理的成本高昂。基于大数据的风险管理能够降低由于风险引发的损失,但这种风险管理本身却可能是代价高昂的。一般而言,购买数据需要支付相应的费用,来自不同机构的系统数据在对接时需要进行多次调试,建立基于大数据的风控模型更是需要投入大量研发、运营和维护成本。

(二)大数据的真实性难以保证

大数据的来源很广泛,包括网上搜索、公共平台互动、电子交易记录等,较之传统的统计数据,有着更全面、更及时、更透明等显著优点,因而具有更大的应用价值。大数据的根基是数据,数据的真实和精准是保证大数据能够有效使用的基础。如果大数据出现造假,基于大数据分析而做出的风险管理决策就可能会造成严重的后果。使用基于大数据开发的互联网供应链金融风控模型,确保数据的质量是重中之重。目前,国内的数据库数量非常多,但高质量的数据库却并不多。在将大数据应用到互联网供应链金融的过程中,也容易在数据质量上出现问题。比如,融资主体为了获得贷款或者提高贷款的额度,会进行流水造假。大数据造假不容易被发现且难以监管,个别因为利用数据造假而获利的行为还容易引起他人的模仿,带来更大的诚信危机。

(三)容易触碰用户的隐私安全

与传统供应链金融相比,互联网供应链金融最突出的特点就是用大数据取代了传统的风险定价及风险管理。大数据在被金融服务供给者用于降低自身经营成本的同时,极易侵害金融服务消费者的隐私。互联网供应链金融的消费者要想获得互联网供应链金融服务,就必须将各类个人信息提供给平台,消费者对个人信息的保护与平台对个人信息的商业利用之间产生了尖锐的矛盾。互联网供应链金融服务的供给者为了降低风险,会尽可能地掌握客户更多的相关信息。大数据在帮助使用者还原客户画像的同时,也必然会导致用户的大量隐私被挖掘出来。互联网供应链金融所使用的大数据主要包括用户的网上交易记录、银行账户记录、沟通交流记录等各种真实信息，严格地讲，这些都属于客户的个人隐私。这些数据信息应该首先经过脱敏处理，才能进一步使用。但由于目前的技术没有对属于个人隐私的数据信息做分类处理，致使个人信息随时随地都有可能被公开或提取，个人隐私得不到有效的保护。

四、互联网供应链金融风险管理应用大数据的对策

（一）降低获取和处理大数据的成本

要降低获取和处理大数据的成本，就要打破数据源的边界，加强信息共享，并强化自身处理大数据的能力。针对互联网供应链金融，具体可以从两个方面入手。

首先，通过强化互联网供应链金融与社交网络之间的融合来降低大数据获取的成本。所谓社交网络，是指包括电子邮件、社交网站、在线问答、商务社交活动等在内的一切可以通过互联网完成的行为。互联网供应链金融进行风险管理的精髓在于通过对融资主体信息的掌握来降低抵押或担保的要求。要想掌握融资主体的信息，大数据采集时就应该注重对融资主体工作及生活情景的抓取。社交网络上沉淀着关于融资主体的大量行为数据，互联网供应链金融的供给者通过与互联网公司之间的合作，可以促进打破数据源的边界，促进互联网供应链与社交网络之间的深度融合。

其次，通过培育大数据核心处理能力来降低处理大数据的成本。社交网络的数据来源复杂，不存在统一的标准，必须经过处理才能放入原料数据库。对于从外部采集而来的数据，应确定一个统一的格式和标准，并注意与内部数据的整合。互联网供应链金融在构建起大数据原料数据库之后，必须进行加工处理使其转化为专业型知识型资产。互联网供应链金融应采用专业的大数据分析工具，提高将原料大数据转化成专业型知识型资产的效率。从原料大数据中提炼出来的专业型知识型资产，在大规模使用之前，应进行必要的小规模测试。

（二）确保大数据的质量和安全

互联网与供应链金融的深度结合，极大拓展了获取数据的来源渠道。面对来自多种渠道的海量数据，必须科学地进行有效信息的提取、整合、分析和生成，并最终将符合需要的信息传递给接收方。在这个过程中，首先要确保原始数据的真实性，如果数据在源头处就出现失真的情况，据之加工生成的专业型知识型资产也必然是失真的，这样就会误导主体的决策。其次要保证专业型知识型资产的有用性，经过加工并最终生成的专业型知识型资产，必须要对这些信息的使用者起到相应的作用，能够帮助他们了解相关的情况并做出正确的决策。最后还要保证数据的安全性，在数

据加工和传递的过程中，要确保数据能够安全准确地传递到接收方手中。

数据安全性的保障更多依靠先进的技术手段来加以实现，而确保原始数据的真实性以及专业型知识型资产的有用性则需要依靠从事大数据管理的相关人员的查验和判断。对于数据的使用者而言，他们真正关心的问题主要有：融资企业交易是否真实，供应链上的物流是否符合要求以及供应链上资金风险是否可控。要确保融资企业交易的真实性，需要对相关交易的凭证和单据进行查验；要确保供应链上物流能力达到预期，需要对物流网络情况、物流运营情况、库存周转情况、单货相符情况等进行查验；要确保供应链上资金风险可控，则需要掌握融资企业的财务状况尤其是现金流状况。

（三）加强对隐私数据的保护

互联网供应链金融服务的供给者在进行大数据挖掘时应该注重用户隐私安全的保护，有效利用大数据的前提是遵守相应的业务规则，在不触犯国家关于隐私保护的法律条件下尽量最大化数据的分析价值。

从法律层面看，互联网供应链金融的供给者在收集和存储客户信息阶段应该严格遵守相应的法律，事先须取得客户明确的同意授权，确保客户对自身隐私信息控制权的初步行使，然后向客户完整地披露所采集信息的种类、使用目的及与提供特定互联网供应链金融产品之间的必要联系。互联网供应链金融的供给者要确保客户的隐私信息仅被用于客户实现声明同意的特定目的，如果要将客户的隐私信息用于其他事项，应再次取得客户的授权。

从技术层面看，保护客户隐私最重要的做法是进行数据脱敏。数据脱敏是指运用脱敏规则对敏感信息进行数据变形进而实现对隐私数据的有效保护。对于涉及客户隐私安全的敏感数据，比如手机号、银行卡号、身份证号等个人信息，在不违反系统规则的条件下，都应该进行数据脱敏。数据脱敏可以通过内部人员手工完成，也可以通过使用第三方数据脱敏产品来完成，后者的效果要优于前者。

第四节　基于互联网金融的小微企业融资结构优化

近年来，互联网的发展给小微企业融资困境带来了一些缓解之法，就融资渠道而言也越来越多样化。当前互联网金融市场中，债务性融资仍然是小微企业的主要融资方式，相对应的高财务风险严重影响着小微企业持续经营。在此基础之上，结合小微企业的经营特点，探讨其融资结构，认为小微企业融资应更多考虑长期、稳定的资本，借助于互联网、大数据的技术手段，挖掘出具备"权益性"特点的融资手段，优化其融资结构。

自提倡"大众创业，万众创新"以来，我国小微企业活跃度不断提升，带动就业作用愈加显著。但小微企业还不上贷款、破产跑路的局面也频频出现。据统计，2016年全国约有 30% 小微企业倒闭。那么，为什么政府一直扶持的小微企业却"不见成效"？学者们通过研究指出，不考虑小微企业自身经营问题，就外部条件来看，融资问题是小微企业成长和发展的关键性瓶颈之一，包括融资可得性、融资来源、融资结构等问题。由此，文章结合外部互联网金融背景和小微企业自身经营特点，分析构建其合理的融资结构，并提出一些优化建议。

一、互联网金融下小微企业融资方式的主要体现

互联网金融的兴起与发展，使融资渠道得到进一步拓宽，融资方式更加多样化，传统格局发生重大变化，金融市场进一步被细分，行业竞争加剧。互联网参与金融活动，造就出了新的行业——网络借贷平台投身于金融市场，给小微企业带来新的融资手段。当前小微企业在互联网环境下的融资活动中，以借贷型的债务性融资方式为主，股权式的融资方式体现得不够明显。因此，此处以债务性融资为讨论重点。

（一）众筹与P2P模式

众筹平台一般分为奖励式众筹、公益式众筹、股权式众筹和债权式众筹等类型，前两者是购买行为模式，后两者是投资行为模式。这里将着重讨论股权式众筹与债权式众筹。所谓股权式众筹，是投资者对项目或公司进行投资，获得其一定比例的股权，比如爱就投、人人投等。这类网络平台需要有广阔的人脉，有能力将投资方聚集于此，同时还要对筹资方及其筹资项目尽职完成调查，有较强的分析能力以及风险评估与投资能力等，对平台要求较高。据统计，截至 2017 年上半年，股权型平台有 113 家，占比 25.74%，股权型众筹项目成功融资额也只达到预期总融资额的 32.62%。整体看来，目前我国股权式众筹平台较少，整个行业成交额较低，对于小微企业筹措资金的作用并不占据主要地位。

债务式众筹在我国最为常见的形式是 P2P 网贷——平台不参与、不表态，基于中介的性质为资金供需双方提供信息交互、价值认定以促进交易完成，并从中收取一定服务费。我国 P2P 网贷依次经历过初始萌芽、井喷式发展、风险爆发、规范监控调整各个阶段，至今已 10 年有余。截至 2017 年 12 月底，网贷行业正常运营平台数

量有 1 931 家,全年成交量稳步上升达到 2.8 万亿元,行业贷款余额为 1.2 万亿元,总体综合收益率为 9.45%。未来 P2P 网贷受"整改"、"合规"的影响,平台数量将会下降,但网贷行业发展将逐步健康规范,行业真正实现洗牌和分化,成交规模稳步上升。P2P 网贷的融资成本总体而言并不低,受到小微企业偏爱的重要原因是"到位快""门槛低"的融资特性,其高效便捷的贷款服务正符合小微企业的经营特点。

(二)第三方支付模式

第三方支付模式作为资金流的中介方,在我国受到各类企业、消费个体的欢迎。随着实力的增强和信誉度提升,其业务由单纯的支付中介逐步发展为形式多样化的互联网金融业务,比如支付宝、财付通等互联网支付公司。据统计,2017 年我国第三方支付互联网支付交易规模,截至 9 月份约为 18.66 万亿元,支付宝、银联商务、腾讯金融占据主要地位。其中互联网金额和个人业务是第三方支付占比最大的两个细分行业,均三成有余,发展程度相当。互联网金融的竞争不断加剧,多家支付平台积极布局网络借贷、基金、保险等传统领域,拉拢中小微企业,创新升级小微企业金融服务模式,以期占有一席之位。阿里巴巴集团运用其阿里云、蚂蚁金服等产品为小微企业提供贷款,年化利率低于 14.6%,小额、快速、低利率特点鲜明,用户留存率高达80%,借款频次高,2016 年累计发放 8 000 多亿元。

(三)供应链视角下的互联网融资

供应链融资,是基于供应链的增值,着手解决供应链上下游中小微企业的融资难题,以提高其融资效率,存在的模式主要有应收账款融资模式、存货融资模式和预付账款融资模式。互联网下的供应链融资表现,则主要基于电子商务平台,依托大数据、云计算技术分析实现资金融通。小微企业作为供应链融资的主要融资方,其回款能力、商品质量、操作失误、信誉能力、市场开拓等均是融资风险控制的关键。融资平台通过利用大数据、云计算等技术将风险要素加以分析,并控制在一个合理的范围以内,最终确保小微企业的资金得以融通,经营得以持续。如京东与多家银行合作启动供应链金融业务,"京保贝""京小贷"等产品的推出帮助小微企业从银行取得贷款。

二、小微企业的经营特点与资本结构

与大中型企业相比,小微企业的主要特征是规模小,在经营管理方面存在着对其融资活动有消极影响的显著特征:①经营决策权高度集中,其信用、品牌、风险和公共关系很大程度上体现在企业个人;②其业务体系相对简单,管理手段较为单一,经营稳定性较差,发展起伏较大;③在财务管理方面,内部控制不健全,难以保证财务信息或非财务信息的有效和完整，导致对债权或实物资产管理不严格，造成资产流失等问题。这些特征无一不彰显着小微企业持续经营的不确定性，资本回报波动较大，投资风险偏高的特点。所以，小微企业存在融资的困境是必然结果。那么，在这样一个经营风险较大的前提下，小微企业的资本结构应该如何构建呢？

借用企业生命周期与融资战略的关系，可知在企业整体风险非常高，面临着极大的不确定性时，首选股权融资——天使投资、风险投资等形式，为开拓市场提供充足的、长期的、稳定的资金。所以，小微企业融资，应当注重"去杠杆"，寻求长期、稳定的具有"权益性"特点的资本融入。那这是否意味着小微企业应该加大股权融资，保持较低的债务性融资呢？理论上确实是这样，但这仅仅是理想状态。现实的金融市场中，投资人更在乎眼前的利益，小微企业的经营能力很难满足其利益需求，因而小微企业融资也就更偏向于债务性的融资方式，其在互联网金融市场的活跃表现已然成为有力证明。

综上，解决小微企业融资困境，降低融资风险、成本，吸引高比例的权益性资本并不现实，高额度的债务性资本举步维艰，此时则需要换角度进行思考。假设小微企业能够按其资金需求持续、循环的融入相应资金数额，借入和偿还活动在一个相当长的时期内保持稳定，这样的债务融资方式具备怎样的特点呢？具体来说，如果小微企业能够保持持续经营，并能够根据其经营需要持续不断地得到资金融通，那么在一个相当长的范围期间可以一直占用某一笔债务资金，这从某种程度上说就具备了股权融资的一些"权益性"特点——长期性、稳定性。所以，构建合理的小微企业融资结构，降低融资成本，一方面是恰当地吸收权益资本投入，另一方面是通过债务性的融资方式挖掘出具备"权益性"特点的融资手段，降低整体财务风险，为稳定经营奠定资金基础。

三、小微企业融资结构的优化

小微企业的经营活动存在较大不稳定性，众所知周，在经营风险较大的情况下，应同时保持财务风险较小的资本结构，引入稳定性较强的资本——一方面降低债务比重，另一方面则是增加权益性资本。由前述分析可知，假定小微企业能够实现持续经营，为保障其经营的稳定性，降低其整体经营风险，在互联网金融市场的运作下，其融资结构应主要考虑具备"权益性"特点的资本，而不仅仅是权益资本。当然，投资方或债权人进行资金投资之前，需要对被投资对象进行评估，一般考虑与第三方合作——投资方或债权人自身也可以作为第三方完成评估，由此形成三方关系人——投资方或债权人、小微企业融资方与第三方机构（平台），资金是否能够融通取决于投资方或债权人与第三方机构（平台）之间、融资方小微企业与第三方机构（平台）之间信任机制的搭建程度。当三方关系人之间的信任机制建立起来之后，不论是权益性融资还是债务性融资，均可获得具备一定"权益性"特点的资本。所以，小微企业融资结构优化的前提是关系人之间建立良好的信任机制，具体应该如何构建，文章不予以讨论。不过在当前互联网金融市场活动中，关于投资方或债权人、融资方与第三方主体之间的信息交换，大数据、云计算技术已然被充分运用，它在解决信息不对称、企业经营潜力预测等方面发挥着不可替代的作用，也为搭建良好的信任机制奠定了有力的技术基础。

如此，在良好信任机制的背景下，能持续经营的小微企业又如何获得"权益性"特点的资本呢？从资本来源角度看无外乎内部融资和外部融资，从资本性质角度则无外乎权益性融资和债务性融资。所以，小微企业融资结构的优化可以从以下方面着手进行：

（一）正视管理理念，提升自我创值能力，强化内源融资

内源融资对企业来说，融资成本较低，稳定性强，是企业首选的融资渠道。强化内源融资，需要企业具备很强的内部积累能力——企业真正的价值创造能力。企业创值能力的影响因素比较广泛，与企业管理方式、制度密不可分。小微企业业务体系相对简单，管理方式单一，经营决策权高度集中在企业主个人身上，经营管理显然是不规范的，混乱的管理制度直接影响企业业务完成的效率、客户体验、销售业绩。对此，小微企业首先应正确树立管理观念，不能因为自身规模小而轻视有关管理制度的制定，对于融资活动来说，又特别是财务管理体系的规范制定显得尤为重要。我国中小微企业的财务制度目前仍不健全，财务报告的真实性和准确性也比较低，直接影响其融资渠道和方式。所以，小微企业正视、规范管理体制，无疑是创值能力提升的充分条件，也是强化内源融资的必要条件。

（二）稳定并逐步减少外部债务性融资成本

就企业发展而言，内源资金必然是有限的，会受到留存利润增长速度的限制，当内部财务资源所能支持的销售增长无法达到企业成长的要求时，将使企业丧失扩大财富、提升企业价值的机会。由此，小微企业还需要依靠外部融资，这也是支撑其经营发展的重要活动。互联网金融给予小微企业多种融资渠道、手段，其中债务性融资占较高比重，而且不论是哪种渠道的借贷款，总体而言，小微企业的债务性融资成本均偏高。因为债务性融资成本得高低主要取决于企业是否能够按时还本付息、经营

稳定性的好坏、信誉保障的高低。而小微企业一方面由于其经营活动的不确定性,给贷款方、投资方带来较高的投资风险;另一方面频发的拖欠还款进度,互联网金融模式下跑路的社会现象更是极大打压了投资者、贷款方的信心,使得小微企业融资活动雪上加霜,高额的融资成本成为必然。那么,小微企业应如何降低如此高的债务融资成本呢?根据以上思路,很明显可以通过降低经营风险,提高信誉能力,给贷款方、投资者信心,稳定并逐步降低债务性融资成本。

寻求并促成与大型企业协作配套的模式,形成产业集群,降低经营风险。小微企业自身规模较小,业务较为单一,也正由此可便于集中注意力实现单一产品或服务的调整优化,具备较充分的合作优势,有利于实现与大型企业的协作配套。另外,为保持长期稳定的战略合作,小微企业还应当持续做好客户体验,通过不断升级产业结构,独树一帜,提高黏性,逐步走向产业集群。集群化发展是小微企业提升竞争力的重要途径,通过集群化能够有效降低小微企业的组织成本和市场交易费用,很好地应对外部经济环境,从而降低其经营风险。

充分运用"互联网金融+供应链金融",健全融资结构。供应链金融,主要是着手解决供应链上下游企业的融资问题。处于同一供应链上各个环节的企业,可以基于供应链思想积极地促进深度合作,依托供应链上的商业信用,达成资金的协调运作。当下,一些电子商务平台的加入(比如阿里巴巴、京东等),使得互联网金融与供应链金融实现有机结合,展现出非凡价值。一方面,基于大数据、云计算等的技术分析手段,小微企业的经营状况、信用程度能够比较公平、客观地展现给相关投资者、贷款者,融资者与投资者之间的信息不对称问题得以降低,有效降低债务资金的偿债率。比如京东与各大银行促成合作,通过京东平台背后庞大的数据流分析小微企业的经营状况,帮助小微企业从银行取得贷款。另一方面,平台其实也是整条供应链中的当事人,在商业信用的保障下,积极提供符合小微企业"短、小、频、快"特质的资金服务,缓解融资困境。

对于小微企业来说,"互联网金融+供应链金融"的融资模式无疑带来了破解融资困境的曙光。在社会实际生活中,即使小微企业经营状况稳定、信誉度较好,在传统金融机构——银行,有时取得贷款也是比较困难的。然而,在"互联网金融+供应链金融"的模式下,小微企业基于其客观的经营数据和信用报告,得以满足其"频次高、放款快、期限短"的融资需求。若小微企业能够持续经营,基于三方关系人的信任机制,投资方或债权人的资金融入活动会不断重复循环,也就是说资金的借入和偿还活动在一个相当长的时期内会保持相对稳定,从某种意义上说这种模式使得债务融资具备了一些"权益性"资本特点——长期、稳定、可靠，当然也就降低了小微企业的偿债压力，减少了财务风险。因此，在当前外部条件许可下，小微企业应当充分运用"互联网金融＋供应链金融"的融资模式，进一步降低债务融资成本，健全融资结构。

（三）恰当地引进商业性债转股，构造柔性化的融资结构

商业性债转股，强调的是由银行作为债权人直接参与到转股企业的重组经营中，将债权转为投资，减轻企业经营过程中的负债压力，同时降低银行账面不良资产率。在企业度过阶段性经济困难且好转后，银行可选择通过市场方式退出并回收资本金，或者选择继续持有股权。债转股对于债权人而言，存在投资风险、执行风险、道德风险等，一般而言，债转股企业需要具备一些必要条件，比如产品竞争力、企业管理水平、产权状况、治理结构等。小微企业在管理规范性上存在较多的弊端，产品或服务的竞争力有好有坏。所以，小微企业在引进商业性债转股时，必须正视自身条件，只有在杠杆率过高、产品竞争力在行业内资质尚可、管理较为规范的情况下，才可以考虑与银行债权人磋商，引进商业性债转股，构造柔性化的融资结构。总体来看，商业性债转股不适合大多数的小微企业融资，但却是未来小微企业可以考虑的一个方向，特别是在当前政府机构号召金融机构大力扶持小微企业的宏观环境下，落实商业性债转股并非是空想。

小微企业融资困境，并非短时间内可以解决的，需要众多社会主体的支持和参与，更需要耗用大量的时间、金钱和人力，但也并非不能解决。科技是推动生产力发展的关键，在互联网金融的融资模式参与下，小微企业的融资困境已经得到一些改善，比如 P2P 融资、众筹、"互联网＋供应链"融资模式等。虽说这些模式也存在一些缺陷，相信随着其不断投入应用和发展，它们会逐步得以规范、成熟，小微企业融资困境的破冰指日可待。当然，互联网思维是不局限于此的，市场需求的变动总会引发新的融资模式出现，相信小微企业融资困境的解决路径会越来越多样化。

第五节 大数据时代电商企业财务风险防范

大数据时代来临，伴随着互联网的广泛应用，企业的财务工作更加高效、便捷。但是随之而来也给企业的财务管理带来风险。近年来，电子商务行业发展迅速，并且与大数据联系密切。本节从大数据相关概念、及其与电子商务的联系出发，分析电

商企业财务风险的类型及成因，以及探究基于大数据条件如何降低电商企业财务风险，最后从政府、电商企业、财务人员三个角度提出具体财务风险防范对策，以期为电商企业财务风险管理提供借鉴意义。

财务风险管理是企业财务管理的核心，企业的财务风险水平影响着其生存发展能力。随着互联网、物联网等技术的发展，电子商务行业的竞争愈发激烈。在大数据时代，提高企业财务风险管理水平，利用大数据技术支持财务管理工作，对企业经营发展有重大影响。现如今，电子商务行业增速放缓，如何紧跟大数据时代发展趋势，防范企业财务风险至关重要。

一、电子商务与大数据的联系

电子商务与大数据密切相关。电子商务是指基于现代信息科学技术，利用电子信息网络而形成的交易活动，其运营、相关技术等属性和大数据联系紧密。一方面，随着近些年电子商务的不断发展，产生了大量数据积累，从而使有相关性的数据形成了大数据。另一方面，大数据的发展给电商企业带来了更多市场和消费者的数据，推动企业为消费者提供个性化、准确化的服务，满足消费者多样化的需求。

二、大数据时代电商企业财务风险管理新理念

基于财务风险预警模型、哈佛分析框架等管理模式，电商企业财务风险管理取得了十分积极的效果，但是在数据支撑方面还有所欠缺，不能满足电子商务企业发展的需要。随着大数据、云计算、区域链等技术的发展，电商企业财务风险管理范围扩大化、管理方法多样化，区块链数据信息管理模式、数据化管理模式应运而生。大数据时代会把所有与财务相关和无关的数据进行分析整合，创新财务风险管理理念，促使电商企业健康快速发展。

三、电商企业财务风险类型及成因分析

（一）经营风险

经营风险是指由于生产经营的各种变动给企业利润带来的不确定性。一方面，电商企业在战略上倾向于把资源投入到市场竞争、业务拓展方面，而在财务风险管理和信息化建设上投入较少，缺乏有效的技术支持。另一方面，大数据时代下电子商务财务管理人员在专业知识和工作经验上还有待提高，因而在面对激烈的市场竞争中，财务分析缺乏准确性、及时性，影响企业决策，增加了经营风险。

（二）信用风险

电商企业由于其特殊的行业属性容易导致信用风险。一方面由于参与的电商主体诚信度难以保证，其提供的信息真实性有待考量。另一方面，不同于以往商品交易方式，电子商务信息易修改、变动，因此给电商企业带来较大的信用风险。

（三）关联方占用风险

由于市场结构的特殊性，电商企业的经营活动需要依靠电子商务平台。电子商务平台在电商企业的经营中起着监督者和见证者的作用，是很重要的关联方。再者相关的法律法规还不够完善，因此在电商企业中关联方可能会大量占用资金，这就严重干扰企业的正常资金使用计划，影响企业运营和盈利能力，给企业带来财务风险。

（四）技术风险

电商企业的大部分信息都是依靠互联网等计算机技术取得的，一旦技术出现风险，会给企业带来不可估量的损失。技术风险一是来源于计算机软件系统和硬件设备。在数据流失、黑客入侵等网络安全问题面前，如果计算机程序遭到破坏、硬件设备达不到，就会给企业带来难以预计的风险。二是企业人员的技术水平有限，会出现操作不当等可能，也会带给企业经济损失。

（五）财务信息安全风险

电商企业财务信息的安全性对其财务风险控制的有效性有很大影响。从内部角度看，企业内部财务人员可能存在违规操作或者有意修改相关信息，从而引发财务信息安全风险。从外部角环境看，我国现有的互联网技术有待加强，网络环境缺少严格的法律法规和监管制度，可能有诸如木马病毒等技术风险，导致内部财务信息泄露或丢失，给企业造成风险。

四、基于大数据降低电商企业财务风险的机制

（一）数据层面：利于企业经营决策

在数据层面，大数据技术有助于电商企业的经营决策分析。和结构化的单一传统数据相比，大数据涵盖了更广阔的范围，从企业的财务指标、行业数据，到宏观环境、行业发展趋势，为企业经营决策提供帮助，制定更为合适的经营目标。大数据关注相关关系，因此在变化的互联网环境中，把所有相关因素纳入参考范围，不仅有利

于电商企业分析自身数据,更有利于分析外部环境,辅助管理者进行决策,从而降低企业经营风险。

(二)风险发现层面:利于企业财务风险管控

在风险发现层面,大数据技术有助于电商企业的财务风险管控。要想管控风险,首先需要发现风险。大数据时代,尤其是人工智能逐渐发展应用,使企业可以在海量数据中进行相关性分析,发现并总结可能出现的风险特征,进而有效识别技术风险、财务信息安全风险等。此外,大数据识别的相关关系只是代表了一种可能风险。如果在企业经营过程中发现哪个环节出了问题,可能只是一张普通的报销单。这虽然在重要性上有所欠缺,但这是基于大数据技术的电商企业财务风险管理中不可缺少的一步,这有利于降低电商企业技术风险等带来的损失。

(三)预算管理层面:利于企业预测和资源配置

在预算管理层面,大数据技术有助于电商企业提升预算中的预测和资源配置能力。电子商务企业可以利用大数据,提升预测精准性,从而规避可能出现的财务风险。一方面,大数据对海量非结构数据的分析,例如通过了解网页评论、浏览记录等非结构化数据,更全面了解电子商务主体情况,规避可能发生的信用风险,及时防范预警。另一方面,大数据能够为电商企业财务人员提供技术支持,对企业未来资金的使用情况做出预判,有利于降低关联方占用风险,提高资金使用率,优化资源配置。

五、大数据时代电商企业财务风险防范措施

(一)政府:完善法律法规和加强监管

政府要完善相关法律法规,加强监管。我国电商行业《中华人民共和国电子商务法(草案)》等法律法规的发布,产生很大效果。但是随着电商行业的高速发展,在一些方面还存在法律监管漏洞。例如电商平台虚假卖货、恶意哄抬物价以及消费者恶意退货等不良现象,还需要政府等有关部门完善电商行业法律法规,必要时利用大数据对交易活动等进行全程监管,从而为电商企业财务风险的防范提供制度保障。

(二)电商企业:提升营运能力和信息化建设

电商企业作为财务风险管理的关键主体,需要切实实行各项措施,以加强企业财务风险防范能力。一方面,利用大数据、云计算等技术条件,根据客户的浏览记录和历史数据,为客户推荐可能感兴趣的商品,并且通过客户的购买行为优化库存,提升营运能力。另一方面,企业的信息化建设离不开计算机软件系统和硬件设施。电商

企业要不断提升系统防火墙的安全性和硬件设备，推进信息化建设，为企业财务风险提供技术保障。

（三）财务人员：兼具财务能力和数据处理能力

财务人员需要及时更新思想观念，树立大数据思维，紧跟时代变革的大趋势，既要有熟练的财会专业知识，又要掌握数据技术知识。大数据时代下，财务管理人员需要能在海量数据中找到并分析有价值有意义的数据，从而可以准确及时地找到风险点，为企业的决策提供准确依据，有效防范企业财务风险。

随着大数据技术的发展，越来越多的信息孤岛被打破，企业内部真正实现了信息互通。政府要加强监管，创造良好的互联网环境；电商企业要充分挖掘大数据在企业财务风险管理中的价值，科学分析有效应对；财务人员要培养财务能力和数据处理能力，致力于成为复合型人才。从多方面出发，提高电商企业财务风险的防范能力，顺应大数据时代的发展。

第七章　大数据时代下的相关服务行业财务风险管理

第一节　大数据时代下电子商务企业财务风险管理

现阶段,随着社会经济和科学技术的快速发展,信息技术在各行业发展中得到了广泛的应用,并且带动了电子商务行业的发展。与西方发达国家相比,我国电子商务行业起步较晚,企业财务风险管理模式相对比较落后,从而增加了电子商务企业在未来发展中的财务风险。基于大数据时代下,如何加强电子商务企业财务风险管理成为当前电子商务企业发展中的重要内容。本节首先阐述了大数据时代下电子商务对财务管理的影响,然后分析了电子商务企业财务风险管理中存在的问题,最后探讨提高电子商务企业财务风险管理的措施。

通常情况下,电子商务企业财务管理内容主要是对企业经营过程中的资金使用情况进行有效的监督和管理,因为财务管理工作中涉及的内容比较复杂,所以在一定程度上增加了电子商务企业财务风险管理的难度。传统的财务风险管理方式已经不能适应当前时代发展的要求,因此在大数据时代下,需要对电子商务企业财务风险管理方式进行改革创新,从而降低电子商务企业财务风险带来的经济损失。

一、大数据背景下电子商务对财务管理的影响

(一)财务管理环境变化

基于大数据时代背景下,电子商务企业财务管理环境发生变化主要体现在以下方面:其一,财务管理流程发生变化,在传统的财务管理工作中,其管理流程主要由财务人员进行手工记账,在一定程度上增加了财务人员的工作量;而在大数据背景下,财务人员在对企业财务信息进行管理时,主要通过先进的信息技术,对财务内容进行自动化管理,在一定程度上提高了工作效率。其二,财务管理制度发生变化,在大数据背景下,电子商务企业财务管理制度主要以国家相关会计准则为依据进行完

善,随着国家会计制度的变化而不断完善。

(二)财务管理核心变化

在大数据背景下,电子商务财务管理核心发生变化的具体表现如下:财务管理的核心内容由重视产品的外部形象和质量等方面逐渐转变为重视线下用户对产品的体验效果和产品在市场中的口碑。由于大数据时代的发展,电子商务企业要想在激烈的市场竞争中站稳脚步,需要对用户制定个性化服务,从而获得用户较高的满意度,推动企业的长远发展。

(三)财务管理重要性变化

一般情况下,电子商务企业在发展过程中比较重视财务管理中的信息流,通过大数据技术,将财务管理中的信息流内容进行归纳总结,了解线下不同客户对产品的不同需求,进而根据大数据技术应用的结果制定有效的财务管理方法。此外,电子商务企业在大数据时代下通过电子信息技术对企业经营中的各项财务信息进行记账管理,实现资金流和物资流的统一管理,进而形成重要的信息流,为企业未来发展做出正确决策提供有利的数据支持。

二、大数据时代企业财务管理存在问题

(一)财务管理理念陈旧

电子商务企业属于新型企业,在发展过程中主要利用信息技术的优势,推动其发展。但是财务部门作为企业发展中的重要部门,掌握着企业未来发展的经济命脉,由于财务管理理念的陈旧,导致电子商务企业的财务管理水平并不能满足大数据时代下对企业财务管理水平的要求,进而降低了电子商务企业在市场中的竞争力,阻碍了电子商务企业的长远发展。

(二)企业财务管理意识淡薄

现阶段,我国已经进入信息化时代,网络信息技术已经成为人们生活和工作中的重要组成部分。在大数据不断发展的时代背景下,大数据技术在各企业的财务管理中盛行,虽然电子商务企业在发展过程中主要以信息技术为基础,但是仍有部分电子商务企业管理人员的财务风险管理意识淡薄,随着时代的进步,并没有认识到加强财务风险管理信息化建设的重要性,同时也没有认识到大数据技术在财务风险管理中存在的价值,进而增加了电子商务企业在未来发展中可能遇到的财务风险概率。

（三）财务管理水平低、共享差

在大数据时代下,电子商务企业要想提高财务风险管理水平,提高财务信息的共享性,需要加强财务风险管理信息化建设,并充分利用大数据技术,对企业发展中的财务信息内容进行整理。但是部分电子商务企业的管理人员缺乏创新意识和高素质的财务管理队伍,使其财务风险管理方式比较落后,此外,企业财务部门还存在财务信息不对称和不能共享的现象,此种情况下,降低了企业财务管理的效率,进而增加了企业财务风险发生的概率。出现此种情况的主要原因是企业财务部门与其他部门之间缺乏沟通,且企业内外部未形成统一的信息标准,进而影响企业及时做出防范财务风险的措施,增加企业的经济损失。

（四）财务管理环境变化

财务管理与传统企业相比,电子商务企业财务管理环境产生了较大的改变。其一,目前财务软件得到普及,互联网公司都能运用财务软件展开记账、编制报表。传统的手工记账模式都是经由记账人员手工处理的,这与传统财务管理有所差距,在电子商务背景下,会计制度、准则等都应顺应新环境要求,这也使得传统财务制度迎来改革。其二,电子商务公司竞争区域与传统公司相比,竞争更为激烈,加之电子商务公司拥有国际化经营特点,所以,竞争格局也会从四周慢慢延伸到全球。基于竞争格式受到改变,财务管理也会随着环境出现改变,企业应制定顺应财务管理的模式,方可顺应国际化竞争格局。其三,在传统财务流程中,公司财务管理记录的是全部业务之后生成的财务报表,然而,以上财务数据没有真实地对公司情况展开反应、监督,便不会出现实时信息流。在电子商务数据背景下,大量的数据资料都包含行之有效的经验信息,随着电子商务企业的交易进行,才能更好地运用这些信息,促进公司发展。

三、大数据时代下提升电商企业财务管理水平对策

（一）完善财务管理大数据创新

在当前大数据时代下,数据的集中化和细分化特点为企业的财务管理工作提供了大量的数据基础,但是如何使其从当前的财务管理工作中突出出来成为现阶段需要重点关注的问题。在此,相关财务管理人员通过研究其他企业的财务管理分析方法发现,只有不断提高财务管理方面的大数据创新意识,才能为企业的财务风险管理工作提供帮助。因此,企业相关管理人员必须要加强大数据创新意识,在加强管理

人员创新意识的同时还要加大对内部员工的大数据创新培训工作，以此来改变当前企业员工对于大数据的片面认识，从而为企业员工灌输全新的大数据创新理念；另外，企业相关管理部门还要加强内部财务管理模式的改进创新，在传统财务管理模式的基础上利用大数据的相关理念来分析企业内部的各项经营活动，以此确保大数据理念在企业内部的全面落实。

（二）提升财务管理风险防范能力

现阶段我国很多企业内部都出现了财务漏洞、资产大范围流失等情况，究其原因都是企业内部财务风险防范能力不高所造成的。由此可见，一个企业的风险防范能力对于提高其财务管理水平有着很大的作用。首先，企业当前必须要做的就是加强相关财务管理安全系统的建设工作，积极引进安全、可靠的财务管理系统，以此来提高企业财务管理中的安全度，抵御网络恶性病毒的入侵，这样做还能实现企业资源的合理配置和共享；其次，企业还需要聘请专业的财务管理人员对财务部门的相关人员进行预防财务风险的培训工作，以此来提高企业财务人员的风险防范意识，从而为企业财务管理工作的顺利进行提供保障。

（三）提升财务人员专业能力

在当前大数据时代背景下，社会的快速发展对于企业财务人员专业能力的要求也不断提高，现阶段，企业财务人员不仅需要具备财务管理方面的专业知识和娴熟的财务操作能力，还要具备计算机应用能力，只有这样才能足够应对当前大数据时代为企业带来的巨大挑战。基于此，企业当前必须要做的就是加强自身人才队伍建设，主要可从以下两点入手：

其一，企业在开展招聘工作时需要牢牢结合自身的实际情况适当调整人才招聘计划，例如：企业在招聘标准较高的综合财务管理职员时可以适当招聘一些具有技术经验的财务人才，这样做对于企业内部人才资源的优化配置有很大的帮助。

其二，在企业现有财务管理人员的岗位工作上，企业还可以大力推动网格化职责管理标准的实施，这种管理方式主要是将具体的职责细化到每个工作人员身上，谁主管此部分的工作，当出现问题时主管工作的人员就需要对其负责；与此同时，企业还需将每位负责人的岗位职责与个人的绩效水平联系起来，以此来激励员工树立正确的工作态度，从而有效降低财务风险的发生。

（四）积极引进高层次复合人才、增加会计人员培训

企业中，为进一步增强市场竞争力，需要做的就是加强人力资源之间的竞争。其

一，为有效将其人才缺乏的问题解决，首要的做法便是引入高层次的人才。简单来讲，高层次人才统一指懂得如何运用外语，熟悉计算机操作，拥有非常强的实际工作力，这样有助于攻关人才。其二，指导展开经济管理，这样能运用会计信息帮助企业领导人员展开筹划、决策，为了顺应时代需求，应有计划、有步骤以及有效地展开会计人员继续教育与相应的培训工作。作为基层单位需要积极组织会计人员学习会计电算化知识，其目的是改善会计人员知识结构，从而不断地更新知识结构，方可提升会计人员应有的计算机水平，尤其在计算机网络技术方面，更应增强会计人员的职业道德，积极培养会计人员依法理账。

在当前大数据的背景下，电子商务企业也在不断转变自身发展模式，逐渐从传统的各部门单独工作的模式向供应链集群方向发展。在这种情况下，企业内部的财务管理部门也需要积极适应企业发展的需要，不断转变自身管理模式，以此来不断创新完善企业内部的财务管理体系，从而为电子商务企业的可持续发展奠定良好的基础。

第二节　大数据在企业进行财务风险管理理念

随着全球经济和计算机技术的飞速发展，企业面临越来越激烈的竞争和复杂的金融环境。企业由于财务管理不善而陷入财务危机的情况很普遍。大数据时代的到来给现代企业带来了活力和新的风险。因此，企业应建立全面、可靠的财务管理制度。金融风险预警可以发现并提出预警信号，提醒企业在发生金融危机时要采取对策。本节通过大数据对企业财务风险管理中的应用进行了分析和研究。

一、大数据在财务风险中的重要意义

（一）帮助企业以准确的数据为基础进行内部决策

企业当前的经济发展状况需要根据企业财务部门所反馈的信息来确定，而且能够依据财务部门反馈的信息来指导以后的企业发展方向。大数据的时代下企业的所有信息都融合在一起。但是，大数据提供的信息并不精确，而是与所有信息混合在一块的。因此，当企业面对如此庞大的信息量时，金融大数据管理系统就能够检测出存在的风险。确保向业务部门提供的数据相对准确，也可以为公司内部的一些决策提供有效的数据。

（二）能够提高应对金融风险的能力

大数据时代下，企业想要在大量繁多的数据中获得自己想要的数据，前提就是要面对大数据时代下的风险。企业想要在市场中激流勇进就必须要把握住大数据时代风险危机下的机遇，机遇和挑战是共存的。目前的时代，市场信息时时刻刻都在变化，如果可以从这些不断变化的大量数据中获得准确的有利信息，那么对于企业的发展以及企业的竞争力具有很大的推动性。这些信息的准确性关键到企业的决策，大数据融入企业的财务中可以面对这种财务风险，关键是企业怎么将这些大数据的优势特点融入企业的财务管理中可以达到及时应对风险，企业可以通过建立完善的财务大数据管理系统，这样就能够帮助企业在财务风险未发生或者发生时进行判断，从而提高企业应对大数据时代带来的财务风险的能力。

（三）帮助企业取得最大的经济效益

建立并且完善财务大数据风险预警系统，能够让企业规避和快速解决企业在发展中遇到的各种风险。灵活应对内部和外部风险或潜在风险。监视企业的现金流状况，并为风险提供预警机制，一旦出现资金问题，那么企业就可以首先发现或阻止财务。风险，帮助企业可以在最短的时间内遇到财务风险。用最快最有效的解决方案来解决企业的财务风险，使企业能够最大限度地减少风险和损失，从而最大化经济效益。大数据的时代为了使企业尽可能地避免风险和降低风险带来的损失，唯一有效的途径就是建立企业的大数据财务风险预警机制。

二、基于大数据的时代下存在的财务风险

（一）财务风险预警系统不完善

成熟的企业即使拥有很强的市场竞争力，也同样需要一个完整的充满活力的财务风险预警系统来确保企业的安全。这样，在危机中面对市场经济发展的企业就有足够的时间来解决。但是现在很多风险很难进行预测，所以财务大数据风险预警系统已成为企业发展的必然，面对这样的情况，大多数企业财务风险预警系统也可以分为，面对风险，也可以进行预警和响应。另外，大多数企业的内部财务风险预警系统是需要人才来进行管理的，每个组织所需的相关人员不到位，这就导致了系统所能发挥的作用很小。大数据时代已经来临。如果企业仍然认为这个时代与他们无关，那么它们只会被市场淘汰。因此，企业应重视大数据时代金融风险预警系统的建立。

（二）预警系统执行能力不强

金融风险预警系统由于缺乏在大企业发展以下执行大数据的能力，已经建立了金融风险预警系统，然而却并不重视对这个系统的管理监督工作，恰恰是在这样一个市场经济飞速发展的情况下，大多数企业的财务风险预警系统仍停留在该系统中，并未将监督的机制进行合理的展开，使得企业的大数据财务风险预警系统执行力不佳，将企业置于充满危机的市场环境中。这不利于企业的发展。

（三）缺乏相应的监管部门

企业的管理机制与监督机制对于企业的发展是不可缺少的，财务风险管理系统的有效运行需要两者的共同作用，各类企业无法发布全面执行的业务政策，不能离开严格的监督机制作为后勤保障。为了能够让财务风险预警系统充分发挥其作用，需要对其监督机制进行全面完善，只有这样才能保证财务风险预警系统能够发挥。真正的作用，保证及时发现经营中出现的财务问题。

三、大数据在财务风险中的预警作用

将企业财务分险管理融入企业管理中。在大数据时代的背景下，企业可以通过改善财务风险预警系统的管理机制，避免很多风险。因此，最重要的是改进金融风险预警系统的管理实施。只有将企业的大数据财务分险预警系统的诸多措施进行全面落实，才能够保证财务风险预警系统充分发挥它的作用，保证企业的安全以及提高企业的市场竞争力。比如可以设立财务风险预测制度，对那些工作怠慢的员工进行严厉的处罚，对那些未能通过工作评估的员工进行定期培训，提高他们的工作能力并且对企业的所有员工进行思想教育，提高他们对企业大数据财务风险预警系统的认识，了解其在企业中的作用，这样更有利于企业实施各项措施。财务风险预警系统可以通过发挥其功能的同时在企业的合个部门进行宣传，这样不仅可以提高企业的财务风险预警系统，还可以让企业的每个人都认识到财务风险预警系统在企业发展中的重要性。对于企业而言，将财务风险预警系统措施融入企业的管理层次对于企业经济利益起到保护作用。

完善财务风险预警的监督机制。企业需要对大数据财务风险预警系统的运行情况专门设立监督部门，提高该系统的工作效率和执行力，有利于提高企业竞争力。在大数据时代的背景下，应根据市场经济的发展，学习当前流行的风险预警模式。同时，我们应该学会引入外国现金的金融风险预警系统，不能一言以蔽之。要结合企业发展，建立完善内外同时监督的监督机制。内部监督的主要目的是使财务流程透明化,并确保员工和其他部门可以监督财务部门。外部监督帮助企业发现经营过程中的各种风险,这样就可以使得企业规避一些不必要的风险,并且对出现的问题可以采用最快最有效的方式进行解决,降低企业的损失。

加强预警系统的执行力。建立健全金融风险预警系统规则——预警规则,即企业在进行某种经济活动时,企业的金融平台需要对其提供可配置并能够即时生效的预警机制,供专业的人才进行使用,比如进行资金的大笔交易时,企业应为大笔交易设置一个单独的账户,如果发现存在问题就必须立刻终止交易,然后进行警告处理,根据企业的财务风险预警方案制定的实时预警信息数据,由有关人员报告具体的风险信息并且将情况以最快的速度上报给企业的相关领导。管理人员可以通过风险的大小提出意见,可以阻止交易的继续运行,也可以提出解决方案,继续进行交易,但是必须将风险将到低,避免企业受到损失。

大数据时代的背景下,企业中的财务部门的责任重大,因此对财务部门工作人员的专业水平以及综合素质有了很高的要求。建立企业大数据财务分险预警系统是一个企业现如今想要发展的必要措施,可以通过将风险预警系统融入企业的管理中,也可以设立风险预警系统的监督部门以及通过健全企业财务金融的风险机制提高风险预警系统的执行力,使得该系统可以充分发挥其工作职能提高企业的安全性和增强企业的市场竞争力。

第三节 大数据的企业财务风险管理体系模型的构建

企业的财务风险管理是企业发展过程中不可忽视的一部分,是关系到企业成败的重要因素。大数据时代的到来,给企业发展带来了机遇和挑战,而企业财务管理方面也面临着前所未有的风险,建立全面可靠的财务风险管理体系,加强对企业财务风险的防范,成为企业发展应该重点研究的问题。本节分析了企业财务风险管理体系发展中存在的问题,探讨了建立健全防范体系的意义,为财务风险管理体系模型的构建提出了建议。

完善的财务风险管理系统,能够帮助企业在面临任何风险时做出准确及时的预测和决策。大数据时代的到来对企业的财务风险管理系统提出了更高的要求,如何应对大数据时代下的市场经济走向,应对市场经济发展的"新常态"成为当下企业财务管理中应该关注的重点问题,而防范财务风险,完善风险管理系统,提高防范政策的实施力度等就显得十分重要和迫切。

一、企业财务风险管理系统构建的重要性

有利于为企业内部决策提供有效的信息依据。企业的财务状况能够准确地反映出企业内部的经营状况、盈利情况，管理者通过财务系统所反映出来的经营状况的好坏来决定下一步的经营决策。同时，企业财务系统管理者通过分析企业人员的工资体系、绩效管理体系等了解员工的工作状态，其对企业运营所做出的贡献，也成为企业人事调动的依据和企业高效管理的重要辅助信息。

有利于企业应对新时期可能出现的财务风险。大数据时代是各种信息爆炸的时代，企业面临着前所未有的挑战，各种新的不利于企业发展的因素，市场经济的高速发展也成为企业财务风险存在的必然因素，企业获取市场信息的速度和准确性，做出经营决策的有效性成为影响企业经营成败的重要环节，而应对这种可能出现的财务风险，也是企业构建财务风险管理体系模型的重要原因。

有利于帮助企业实现最大的经济效益。通过企业财务风险管理体系的构建，能够帮助企业应对市场经济发展中的各种不确定性因素，应对企业内部、外部面临的各种潜在的挑战和竞争，能够提高企业的经营管理效力，为企业的经营发展提供有效的财务信息依据，还能够在资金流动的过程中进行适时的监督和预警机制，从而帮助企业在第一时间发现财务危机和预防财务危机，并能够在遇到危机时在最短的时间内，以风险最小的方式进行解决，将企业可能的风险和损失降到最小，从而实现经济效益的最大化。

二、大数据时代企业财务风险管理体系存在的问题

财务风险管理程序老旧、不完善。一个成熟的企业需要有一套完善的财务风险管理体系作为支撑，以应对市场经济发展过程中的潜在危机。然而，大数据时代的到来，市场经济发展速度加快，各种不可预测的风险成为企业发展中的潜在威胁，而此时，有些企业依然沿用传统的财务风险管理模式，没有将新的风险划分到管理系统中，给企业发展造成威胁。另外，很多企业的财务风险管理体系只是一个空壳子，系统中的各个机构人员设置都不到位，没有专业的财务风险管理人员作为支撑，这样的财务风险管理体系运行起来会产生重重的困难。

财务风险管理制度执行力度不够。大数据时代下很多企业都具备了财务风险管理体系，有着丰富的财务风险管理经验，然而，随着经济的发展，很多企业的财务风险管理体系只停留在了制度方面，基于制度而制定出的各种运行政策都没有得到有效的实施，在这种情况下，即使公司有完善的财务风险管理体系和完善的财务风险

管理制度，只是因为执行力度不够，而将企业置于非常危险的市场经济环境中，不利于企业的健康成长。

对财务风险管理体系实施的监督力度不够。管理机制和监督机制是相辅相成，共同完善的，管理机制的有效运行以及各种企业经营政策的实施还需要严格的监督机制作为保障，而对于财务风险管理体系来说，只有更加完善、严格的监督体系，才能把企业的财务风险管理置于一个更加公开透明的环境中，才能及时发现财务运行中出现的问题。然而，大数据时代下的企业忙于应对各种新的经济形势带来的挑战，而忽视了对企业财务风险管理制度的监督和管理，导致各种财务问题产生，对企业的发展造成威胁。

三、大数据时代下企业财务风险管理体系模型构建的途径

提高企业财务风险管理体系在企业运行中的地位。大数据时代下的市场经济发展环境越来越复杂，有一个良好的企业财务风险管理体系就显得尤为重要。首先，提高财务风险管理体系的执行力度，将此体系真正贯穿到企业管理中的各个方面，对不按照财务管理制度运行的人员进行严厉的惩罚，对考核不合格的人员进行相应的惩罚，提高财务风险管理制度的威信力；其次，企业要对本公司的财务风险管理力度进行大力宣传，做到人人懂，进而人人尊重，人人能够自觉地按照此风险管理体系的要求管理自身的行为；最后，管理层应该意识到财务管理体系在企业发展过程中的作用，从而能够积极构建完善此体系，逐渐形成完善的财务风险管理体系，使其真正发挥在大数据时代应该有的作用。

建立完善的企业财务风险管理体系运行监督机制。管理机制和监督机制是相辅相成的，是一个企业良好发展过程中所最需要具备的。因此为了提高企业在大数据时代下的竞争力，首先，应该建立起完善的企业财务风险管理体系，以大数据时代为背景，以市场经济发展现状为依据，积极引进学习国外先进的管理体系，结合企业自身发展现状，建立起完善的风险管理体制，提高财务管理能力，提高企业应对财务风险的能力；其次，建立起完善的监督机制，形成内部监督和外部监督相结合的完善的监督体系，内部监督主要通过将财务情况公开透明，形成员工与其他部门对财务管理的监督，而外部监督主要是通过各种审计机构对企业进行定期的审计、检查和监督，发现企业经营过程中出现的各种问题，外部监督关系到企业在社会上的形象和声誉，因此企业更应该加强重视，完成企业从内而外的各种财务风险管理制度的构建和完善，帮助企业进行科学决策。

培养一支高素质的财务管理人才队伍作为辅助。大数据时代的到来对企业财务

管理体系的构建提出了新的要求，因此，培养一批高素质的财务管理人才队伍也至关重要，因为人才才是企业创新发展的内在动力。

大数据时代对企业财务管理提出了更高的要求，对财务人员的专业素质和整个企业的运营管理水平也提出了更高的要求。大数据时代下市场经济发展迅速，企业只有建立起完善的财务风险管理体系，完善企业内部的各种监督机制，才能有效应对我国经济发展转型时期可能出现的各种潜在的经济威胁，才能壮大企业实力，增强发展动力，才能在新时代下发展成为更优秀的企业。

第四节　大数据时代内部审计与财务风险管理

信息化社会的到来，更是使得企业内部和外部的各类信息变得纷繁复杂，企业资金流动情况又表现出了许多新特征，如何充分利用海量的信息为企业的运作提供服务，对于企业资金的流转有着重要的影响。在大数据时代背景下，企业的财务管理活动迎来了又一轮新的挑战。本节就大数据时代内部审计在财务风险管理中的作用进行了深入的探讨。

在企业管理活动中，内部审计常常是企业规避财务风险的重要途径，通过加强内部审计能够提高企业抵御各类财务风险的水平，促进企业可持续发展。然而在大数据背景下，大量的信息给内部审计活动的开展带来了许多干扰，如何充分利用大数据的价值为内部审计提供决策依据，做好财务风险管理工作，是决定企业能否稳定发展的重要因素。因此，研究大数据时代内部审计对财务风险管理的影响有着极为重要的现实意义。

一、大数据和内部审计概述

大数据（Big Data）是指借助于计算机技术、互联网，捕捉到数量繁多、结构复杂的数据或信息的集合体。大数据的"大"并非仅仅指数量繁多，还指通过数据挖掘、分析，专业化的处理，蕴含的价值大。大数据具有 5V 的特点：第一，Volume（大量），即数量繁多。第二，Velocity（高速），即数量高速增长，呈几何式增长。第三，Variety（多样），数量类型多样、结构复杂。第四，Value（低价值密度），即海量数据需采集、分析才能捕捉到有价值信息。第五，Veracity（真实性），即数据的产生与处理是实时的，具有准确性。

本节所讲的内部审计是指企业的内部审计活动，它在性质上属于一种咨询活动，其活动开展具有相对独立性。高效的内部审计活动是保证企业高效运行、规避风险、提高经济效益的重要手段。内部审计对于企业的内部控制至关重要，可以作为企业改善治理现状的重要途径，从而实现企业的长远发展。内部审计最重要的作用之一就是其在规避财务风险方面的特殊功能，它使企业的各项活动受到严格的监督，保证企业的经营行为符合国家现行政策及相关法律法规，营造社会主义市场经济的良好环境。随着大数据时代的到来，内部审计活动的效率、流程和作用也受到了一定程度的影响。

二、当前企业内部审计存在的问题

大数据时代是信息化社会的产物，企业所处的环境已发生巨大的变化，然而企业内部的审计制度却没有做出相应的优化，其与经济发展的矛盾日益显现。首先，表现为我国审计制度体系未完全构建起来，在很多地方均未看见其对企业财务管理的指导作用，在大数据时代，现有的审计制度无法识别出最有价值的信息；其次，一些审计人员的专业素质偏低，习惯了传统经济体制下的审计模式，不能很好地在大数据时代继续提高效率，使企业内部的审计工作停滞不前；再次，在审计技术上明显落后当前的先进理论，仍然以传统的审计流程开展审计工作，使许多资料的作用无法突显，在信息化时代下，这种落后的审计技术自然无法很好地规避财务风险；最后，企业管理信息化使审计活动与其他诸多管理活动形成了互动的渠道，对内部审计的独立性造成了严重的破坏，这一方面可以有效利用少量数据为审计服务，另一方面又使审计工作受到其他管理活动的干扰。

三、大数据时代企业内部审计的作用

快速获取大量信息。大数据时代里，企业可以通过互联网和其他途径快速获取大量相关信息，尤其是一些经济数据和财务管理信息，为企业内部审计提供更强大的数据支持。但大量的数据需要充分挖掘才能发挥其财务风险管理作用，因此企业必须通过信息化手段深入挖掘大数据的价值。

提升内审工作效率。我国经济环境不断趋好，企业发展环境更加开朗，业务规模进一步扩大，相关的审计数据和财务管理活动也更加复杂和频繁，这使内审人员的劳动强度不断增加。在大数据背景下，大量的财务管理软件和审计管理专业软件的引进大大解放了审计人员的劳动力，提高了内审效率。

规避企业财务风险。大数据时代为企业集中获取和处理数据提供了可能性，使更多的信息可以充分互动，内部审计工作更加科学客观，在内审效率不断提高的条件下，企业对未来的财务管理活动具有更加精确的预见，可以提前采取预防措施规避财务风险，实现财务风险的管理动态化。

大数据时代下，我国企业的内部审计还未能很好地适应时代的需求，造成企业内部审计不能很好地服务于企业的财务管理工作，这给企业的发展带来了一定的阻碍。不难预计，随着大数据时代的发展，我国企业将更加重视财务风险管理，并在内部审计制度上不断寻求突破，充分发展大数据时代背景下内部审计对于财务风险管理的重要作用，促进企业的长远健康发展。

第五节　大数据时代下财务管理的转型研究

所谓的大数据技术，指的是在种类繁多的数据之中，能够快速将富有价值的信息提取出来的技术。随着互联网信息技术的飞速发展，我国已经步入了大数据时代，为广大企业提供了新型的思维、技术以及丰富的资源，并将其带入了全新的发展时期。所以，企业的财务管理也要随着时代的潮流而转型，将数据的提供、风险的控制、资源的规划以及现金流分析纳入到财务管理范畴，如此一来，可以促进企业的健康可持续发展，推动其价值的提升。

随着现阶段互联网金融的快速发展，大数据时代已经来临，国际化、综合化以及信息化成为企业发展的主要方向。由于企业规模的日渐壮大，只有对财务人员和财务理念进行转型升级，才可以适应企业现阶段的发展趋势。在大数据时代下，对财务管理转型也有了更高的要求。财务工作者必须建立数据思维，深入研究数据的收集、存储、分析以及应用，将可视化的信息呈现形式建立起来，把信息基础提供给企业的经营管理决策。

首先是服务与效率没有得到显著提升。随着组织结构的日益复杂，财务人员的数量也在逐渐提升，然而人员工作效率低下，业务量扩充，导致企业财务的运营成本持续上涨。其次是随着公司旗下产业面的持续扩张，几乎所有的业务部门均将全部精力投入在了费用审核、付款、会计凭证管理以及预算管控等方面，所以忽略了公司的决策发展。最后一点是集团公司无法及时准确地获取信息，上层决策迟延，而且有时并不符合下属公司的具体情况，降低了财务管理的效率。

一、提升财务管理信息的精准度以及控制企业风险的能力

由于大数据时代下技术的发展，企业对海量数据的整合可以做到精准高效。此

外由于大数据技术要求的标准化以及规范化,致使大部分的财务数据可以更加直观准确。在大数据技术并未出现的时候,财务报告需要经过非常烦琐的过程,由于缺乏技术手段进行处理,导致企业没有对财务数据引起高度重视,尽管其为重要资源,但是利用率低下。然而在大数据时代,风险管理可以获得更为全面的风险源数据,能够让风险管理系统更加权威,在快速处理风险事件的同时,满足企业管理监测的需要。

二、提高财务管理信息对企业决策的支持力

在构建了预算大数据平台之后,大数据时代下的成本管理以及全面预算管理可以有效处理以往出现的诸多问题。比方说,对本期的实际业务数据实施改造处理,然后再和预算数据进行对比,这样便可以获取可信的预算执行方案,对处理各部门的工作具有很大的帮助,从而有效提升企业经营管理的效率。在过去的工作模式当中,企业难以应对如此繁多的数据,然而在大数据时代下,企业能够轻松获得海量的多维度信息,将企业从烦琐的数据监测工作中解脱出来,从而赢得更多的时间处理问题。

三、大数据时代下企业财务管理的转型

财务人员由专才向全才转型。在大数据时代下,如果要提升企业财务信息化的水平,就必须加强人才的培养。利用财务管理工作带来的影响可以有效推动业务工作的进行,如此一来,企业才能够通过大数据技术的集中和存储,进而探索出财务工作最佳的发展方向。在大数据时代下,企业的财务管理不可缺少决策层的推动力。企业的决策层非常了解传统的数据分析,因此可以在传统数据分析的基础上,做出许多科学的决定。

资金管理向产融结合转型。过去的财务管理主要是对资金进行控制。而大数据时代下的资金管理,不仅仅是指资金调配,更重要的是不同层次的产融结合。利用资金市场的直接融资,将单纯的资金管理运营转化为深度资产管理。在大数据时代背景下,企业必须构建科学的资金管理制度,提升资金的监管水平,灵活利用互联网技术的优点,实现银企互联。除此之外,还需建立统一的财务管理制度,提升控制管理资金的效率,进而保障资金的安全。财务部门需要对子公司的每一项收入以及各个部门的收入进行管理,与此同时,还需要负责回收各个子公司的资金,对其使用方法进行监督。

财务管理向财务共享中心转型。现阶段,企业降低成本、提升服务水平的一种科学的管理模式就是共享服务,它的价值得到了许多世界知名企业的高度认可,在企

业内部,共享服务中心作为一个独立经营体,其全部按照市场机制运作,可以将优质的服务提供给企业的内部人员。整合企业内部重复建设的业务功能,可以在节约成本的基础上,有效提升企业后台的服务效率。

大数据时代为传统财务向管理型财务的转变提供了一定的历史条件,在数据的收集过程之中,标准化与信息化是首先需要考虑的问题。大数据时代推动了企业发展模式的变化,这就需要财务工作者从业务的角度分析问题,培养自身的财务思维,为财务管理的转型奉献自身的智慧。

参 考 文 献

[1] 孙孝钢.医院财务电算化与财务内控制度关系的探讨[J].中国卫生经济，2013,32（3）：93-94.

[2] 张静，张晓琦.实施"先诊疗后结算"模式的医院财务内部控制[J].中国医院管理,2011,31（10）：32-33.

[3] 王昕，郑绥乾.构建新型的我国卫生政策研究体系模式[J].中国卫生经济，2010,29（12）：8-9.

[4] 周燕颖.医院财务内控失控事件分析[J].中国卫生经济,2012,4（31）：85-87.

[5] 张毓辉，万泉，翟铁民，等.2012年中国卫生总费用核算结果与分析[J].中国卫生经济,2014,33（2）：5-9.

[6] 郭云波.公立医院内部控制研究综述[J].卫生经济研究,2013,319（11）：31-33.

[7] 谢立娟.医院固定资产管理的实证研究[J].中国卫生经济，2014,372（2）：79-81.

[8] 谢雪梅.县级医院物资采购模式探讨[J].卫生经济研究,2013,319（11）：56-58.

[9] 田玮.基于新会计制度的医院财务内部控制体系建立分析[J].中国保健营养（上旬刊),2014,24（7）：4439-4440.

[10] 李汉英.浅谈医院收费票据管理[J].中国老年保健医学，2014,12（02）：134-135.

[11] 高勇.实施全面预算管理促进医院管理水平的提升[J].中国卫生经济，2012,31（02）：56-58.

[12] 李群.新时期下医院财务内控管理存在的问题及对策探讨[J].会计师,2015,32（12）：85-86.

[13] 王本燕.规范退费流程强化门诊住院收入管理[J].现代医院,2016,16（9）：1375-1377.

[13] 顾凯宏 . 关于公立医院财务内部控制问题的探讨 [J]. 会计师，2013，177（18）：53-54.

[14] 袁悦 . 医院财务管理的现状及对策的探究 [J]. 农村经济与科技，2016，27（24）：66-68.

[15] 高勇 . 实施全面预算管理促进医院管理水平的提升 [J]. 中国卫生经济，2012，31（02）：56-58.

[16] 周燕颖 . 医院财务内控失控事件分析 [J]. 中国卫生经济，2012，31（4）：85-86.

[17] 郭云波 . 基于 COSO 理论的县级医院内部控制研究 [J]. 现代医院管理 .2014，11（1）：198-194.

[18] 关振宇 . 实施新事业单位的会计制度的现实意义探析 [J]. 财务监督，2015，8（4）：264-267.

[19] 郭云波 . 公立医院内部控制研究综述 [J]. 卫生经济研究 .2016，12（11）：256-258.

[20] 杨雅琪 . 全面预算管理在医院内部控制中的应用研究 [J]. 管理观察，2017，1（4）：